파이썬으로 배우는
머신러닝 입문

딥러닝에서 적대적 생성 네트워크까지!

오제키 마사유키 지음 | 김성훈 옮김

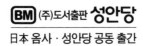

BM (주)도서출판 **성안당**

日本 옴사 · 성안당 공동 출간

파이썬으로 배우는
머신러닝 입문

Original Japanese Language edition

PYTHON DE KIKAI GAKUSYU NYUMON

— SHINSO GAKUSYU KARA TEKITAITEKI SEISEI NETWORK MADE —

by Masayuki Ohzeki

Copyright © Masayuki Ohzeki 2019

Published by Ohmsha, Ltd.

Korean translation rights by arrangement with Ohmsha, Ltd.

through Japan UNI Agency, Inc., Tokyo

korean translation copyright © 2021 by Sung An Dang, Inc.

머리말

지금까지 수식을 전혀 사용하지 않는 진정한 의미에서의 입문서를 목표로 해 왔지만, '좀 더 구체적인 사례가 필요하다.', '수식이 조금 있어도 좋겠다.'라는 의견뿐만 아니라 '본격적으로 머신러닝을 공부해 볼 마음이 생겼다.'는 의견도 있었습니다. 이러한 의견은 모두 머신러닝에 흥미를 느끼고, 다음 단계나 더 깊은 영역으로 나아가려는 마음이 드러난 것이어서 무척 기뻤습니다.

이번에는 '파이썬으로 배우는 머신러닝 입문'이라는 제목 그대로 파이썬 프로그래밍을 통해 머신러닝을 실습하는 내용으로 집필했습니다. 파이썬을 이용한 프로그래밍과 머신러닝을 실행하는 절차를 기술한 서적은 이미 많이 출간되어 있는데, 이 중에는 필자가 참고로 한 책도 있습니다. 이런 상황에서 '공주님과 마법 거울' 시리즈 중 파이썬 머신러닝을 다루는 의미 있는 책은 파이썬 프로그래밍이 처음이었습니다. 파이썬에 나오는 하나하나의 코드의 의미를 이해하면서 실제로 따라해 본 후 실패하거나 성공하는 등의 경험을 통해 머신러닝의 세계로 빠져들어가는 내용이 좋을 것이라고 생각했습니다.

이 책에서 소개하는 코드는 최적의 코드도 아니고, 대중적으로 사용하는 작성법도 아닙니다. 더 우수하고 범용성이 있는 작성법과 좀 더 편리한 기능에 대해서도 소개해야 할 내용이 아직도 많이 있습니다. 하지만 프로그래밍을 통해서 머신러닝을 어떻게든지 자신의 데이터에 적용할 수 있고, 잘하면 업무에도 이용할 수 있도록 꼭 필요한 내용으로 채웠습니다.

일반적으로 프로그래밍을 시작할 때는 컴퓨터 환경 설정에 많이 신경 써야 합니다. 자신이 이용하는 컴퓨터의 운영체제가 윈도우인지, MacOS인지, 또는 UNIX 계열인지만으로도 설정 방법이 천차만별이므로 우선 개발 환경 설정부터 시작해 봅시다.

요즘 우리는 모르는 것은 구글에서 물어보면 되는 매우 편리한 시대에 살고 있습니다. 나와 같은 고민을 하는 사람은 반드시 있으므로 모르는 부분이 있으면 인터넷으로 검색하면서 컴퓨터 사용 환경을 설정하세요. 물론 최소한의 정보와 곤란할 때 어떻게 하면 좋을지 간단하게 다룬 페이지도 있습니다. 자신의 페이스에 맞춰 '왕비님과 마법 거울'과 함께 학습을 진행하세요.

이번에는 왕비님과 마법 거울뿐만 아니라 모두가 기대했을 수도 있는 그 캐릭터가 주인공입니다. 부디 이 책을 즐겨주기를 바랍니다.

오제키 마사유키(大関 真之)

목차

제1장 마법 거울과의 만남

제2장 머신러닝의 발견

제3장 추억의 붓꽃

제4장 이미지 데이터의 학습

제5장 미래의 예측

제6장 심층 학습의 비밀

제7장 적대적 생성 네트워크

백설공주의 고문서 연구노트

https://mohzeki222.github.io/ohm_princess/

등장인물 소개

왕비

마법 거울에 여러 가지를 가르
치고 머신러닝을 구사해 나라를
구하려는 노력파로, 의외로 씩
씩하다.

마법 거울

알맹이는 컴퓨터인 현대적인
마법 거울. 어디에서 왔는지
아무도 모른다.

시녀

공주님의 비밀뿐만 아니라
난쟁이들의 비밀까지 모든
것을 알면서도 모르는 척하
는 과묵한 사람

백설공주

남쪽 숲 근처 오두막에 사는
소녀. 7명의 꽃미남, 아니
난쟁이와 사는 걸 목격했다
는 정보가?

난쟁이 1

조금 건방지지만, 요
점은 빠뜨리지 않는
천재형 난쟁이로, 리
더와 같은 존재이다.

난쟁이 2

웃음을 퍼뜨리는 분
위기 메이커. 백설공
주와 함께 자주 밤샘
을 한다.

난쟁이 3

난쟁이들의 누나
같은 존재. 백설
공주에게도?

파이썬을 사용하려면

 아~ 도대체 어느 종족의 언어를 공부해야 좋을지 모르겠어.

 고대에는 여러 종족이 있었다고 하더군요. 크게는 윈도우족, MacOS족, 그 원조인 UNIX족이 있었다고 해요.

 파이썬을 어느 종족이나 쓸 수 있었다면 따로 구분할 필요는 없지?

 그렇지요. 파이썬을 이용하는 장면은 모든 종족이 같아요. 서로의 문화를 존중하며 발전해왔다는 증거지요.

윈도우족

윈도우족은 지식의 샘(https://www.anaconda.com/products/individual# Downloads)에 접속하세요. 인스톨러 다운로드 페이지가 나오면 윈도우족의 상징인 창문 마크(🪟) 아래에 있는 링크에서 'Python 3.8'을 다운로드한 후 32bit인지, 64bit인지 자신이 속한 그룹에 맞게 선택합시다.

Anaconda Installers

Windows

Python 3.8
64-Bit Graphical Installer (466 MB)
32-Bit Graphical Installer (397 MB)

MacOS

Python 3.8
64-Bit Graphical Installer (462 MB)
64-Bit Command Line Installer (454 MB)

Linux

Python 3.8
64-Bit (x86) Installer (550 MB)
64-Bit (Power8 and Power9) Installer (290 MB)

마법 거울에 Anaconda 설정 파일이 다운로드되므로 설정 파일을 이용해 파이썬을 쓰기 편한 환경을 만듭니다. 자신만(Just Me) 이용할지, 온 가족(All Users)이

이용할지 등 자세한 설정은 지금은 신경 쓰지 말고 그대로 설치를 진행합니다. 설치를 마치면 윈도우족의 경우는 윈도우의 메뉴에서 'Anaconda3' → 'Anaconda Prompt'를 선택하세요. 그러면 신의 제단인 '터미널'이 나타납니다.

원래 윈도우족이 이용하던 명령 프롬프트도 신의 제단 중 하나이지만, 다른 언어나 마법을 이용할 때 방해가 되지 않도록 마법 의식을 치르는 것이 이 Anaconda를 이용하는 방법입니다. 새로운 마법은 Anaconda Prompt를 열어서 살짝 **가상 환경이라는 비밀 장소**에서 시험해 보면 좋겠지요.

Anaconda로 파이썬을 도입하면 **numpy와 jupyter notebook** 등도 함께 마법 거울에 들어옵니다. **Ananconda Prompt에서 직접 'jupyter notebook'이라고 입력하면 jupyter notebook 화면이 나타납니다.** chainer 등 일부 라이브러리는 들어있지 않으므로 이 책의 내용을 따라하면서 설치하세요.

MacOS족 · UNIX족

MacOS족과 UNIX족도 지식의 샘(https://www.anaconda.com/products/individual#Downloads)에서 Anaconda를 다운로드할 수 있습니다. MacOS족은 사과 마크(🍎) 아래에 'Graphical Installer'라고 작게 표시된 설치 파일을 선택하세요.

가상환경 구축하기

윈도우족이든, **MacOS**족이든 Anaconda를 설치한 후에는 같은 방법으로 마법 거울을 이용할 수 있습니다. 이제부터 **'가상환경'이라는 비밀의 장소**를 준비하겠습니다. 이러한 가상환경 안에서 독자적으로 만든 마법을 시험할 무대를 만들 수 있습니다. 우선 신의 제단인 '터미널'에서 다음과 같이 입력합시다.

```
conda create -n (가상환경의 이름) Python = 3.8
```

-n은 이름을 지정한다는 의미입니다. **Python = 3.8**은 **파이썬 3.8**이 처음부터 준비된 가상환경을 만든다는 것입니다.

그럼
```
conda create -n princess Python = 3.8
```
이라고 입력하면?

princess라는 이름의 가상환경을 만들 수 있지요.

한 가지 더 말씀드리면
```
conda create -n princess anaconda
```
라고 입력하면 처음부터 **anaconda**에 도입된 라이브러리 등이 모두 들어간 가상환경을 만들 수 있어요.

그게 편하겠다!

반대로 생각해 보세요. 아무것도 없는 완전히 새로운 환경에서 시작하는 게 더 공부가 될 거예요.

그래, 듣고 보니 그러는 편이 나을 것 같아.

네, 그럼 이대로 시작할게요.

가상환경을 잘못 만들었을 때는 다음과 같이 입력해서 제거할 수도 있습니다.

`conda remove -n (가상환경의 이름) --all`

가상환경을 만들었으니 이제 가상환경에 들어갈 수 있습니다. 다음과 같이 입력합니다.

`conda activate (가상환경의 이름)`

여기서 하는 작업이나 다양한 설정은 여기에서만 해당되므로 윈도우족이든, MacOS족이든 다른 언어나 마법을 이용하는 데 지장이 없습니다. 가상환경에서 빠져나와서 원래의 세계로 되돌아오려면 다음과 같이 입력합니다.

`conda deactive`

자, 그러면 독자 여러분, 자신만의 비밀의 방을 만들어 작업을 시작해 봅시다!

Colaboratory 이용하기

자신의 마법 거울에 가상환경을 구축하지 않을 때는 지식의 샘(https://colab.research.google.com)을 방문하세요. 여기서는 함께 공동작업을 하거나 마법을 시험해 볼 수 있습니다. Python3의 '새 노트북'을 선택하고 진행하면 마법을 접수하는 장소로 들어갈 수 있습니다.

'런타임' 메뉴에서 '런타임 유형 변경' → '하드웨어 가속기'를 선택하여 난쟁이들에게 도움을 요청할 수 있습니다.

백설공주의 일기

각 장마다 편성된 **마법에서 중요한 부분**은
다음과 같이 메모해 둘 거야.

`Chapter1.ipynb`

이 메모 순서대로 마법 거울에 입력하면
확실하게 사용할 수 있어.

아, 파이썬에서는 Tab 이나 Space Bar 를 눌러 **마법 언어의 단락**을 표현하는 것 같아. 처음
시작할 때나 구분하기 어려운 곳에는 흰색 화살표를 그려두었어.

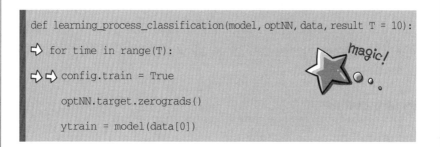

```
def learning_process_classification(model, optNN, data, result T = 10):
    for time in range(T):
        config.train = True
        optNN.target.zerograds()
        ytrain = model(data[0])
```

이때 Space Bar 를 두 번이나 네 번 눌러 생기는 공백을 사용하거나, Tab 을 한 번 눌러서 생
기는 공백을 이용해.

제 **1** 장

마법 거울과의 만남

거울을 소중히 여기는 왕비님

1-1 신비한 언어 파이썬?

'거울아, 거울아~ 세상에서 누가 가장 아름답지?'

이것은 '백설공주 이야기'에서 가장 유명한 구절입니다. 백설공주가 점점 자라면서 세상에서 가장 아름답다는 것을 알게 된 거울이 그 사실을 그만 왕비에게 전하게 되지요. 그래서 결국 자신이 세상에서 가장 아름답다고 생각하는 왕비의 기분을 상하게 합니다.

그런데 이 이야기는 조금 다른 모습입니다. 어디에서 왔는지 알 수 없는 이 거울은 매우 진귀한 '마법 거울'입니다. 이 거울은 건방진 태도로 나불나불 지껄이지만, 왕비의 소원을 들어주고, 나라의 어려운 일까지 모두 해결해 줍니다. 사실 마법 거울 안에는 '머신러닝(machine learning)'이라는 편리한 기능이 들어있는 것 같습니다. 대체 거울에는 어떤 마법이 걸려있을까요?

 그러니까 print("hello")였지?

 Yes, Ma'am!! hello!

역시 왕비마마십니다. 잘하셨습니다. 그럼 반복문으로 100명의 병사에게 점호할 때는 어떻게 하나요?

 for k in range(100): print(k+1)…인가?

 1!, 2!, 3!, …, 100!!

 아~ 너무 기분 좋다!!

 왕비님, 뭘 하고 계신가요?

 고대로부터 전해 내려오는 병법을 공부하고 있어. 우리나라에서는 대대로 파이썬으로 병사를 지휘하거나 명령을 내렸거든. 재미있을 것 같아서 배웠어!

 파이썬은 처음에는 배우기가 쉽지 않지만, 많은 병사를 지휘하는 데 뛰어난 언어라서 오랜 세월 동안 이용되고 있습니다.

 우와! 확실히 많은 병사가 일제히 움직이는 모습을 보니 감동이야. 좀 더 여러 가지 파이썬을 배워보고 싶구나.

 왕궁 도서관에는 파이썬으로 기록된 서적도 있고, 병법뿐만 아니라 그 밖에도 도움이 되는 표현이 있을 것 같습니다.

 그럼 조금 살펴보고 올까?

1-2 고대 문명과 마법 거울

 고대 문명에 관한 서적이라면… 여기 있네요.

 우와~ 오래됐다! 이게 혹시 파이썬인가??

 음, 누군가 거기 있던 책을 가지고 나간 사람이 있는 것 같군요.

 진짜! 몇 권인가 비어 있어. 왕궁 도서관엔 거의 사람이 오지 않는데, 누가 빌려 간 걸까?

 이 책 속에는 옛날에 파이썬을 다루던 모습이 그려져 있네요. 어머!

 이건 뭐지? 조금 네모나지만 혹시 마법 거울 아냐?!

아, 정말이네! 너무 네모라서 전혀 멋지지 않군요.

 뭐? 자기가 멋지다고 말하고 싶은 거야?

 큰일이야! 우리가 고문서를 가지고 간 걸 들킨 걸까?

 큰일났다! 큰일났다!

 쉬~잇! 오늘은 이만 돌아가자.

궁금증이 더해만 가는 파이썬. 고문서에 그려진 물건을 다루는 사람들과 고대 문명의 존재!
이제부터는 마법 거울의 기원에 얽힌 이야기를 하겠습니다.

1-3 깊은 숲속에서

이곳은 깊은 숲속. 마을 사람들도 거의 다가가지 않는 신비의 숲.

그 숲에서 소녀와 세 명의 난쟁이가 모여서 무언가 이야기를 하는 것 같습니다.

마을에서 떨어진 숲속에서 도대체 무슨 이야기를 하고 있을까요?

 고마워. 이 고문서를 해독하면 확실하게 알 수 있을 거 같아.

 맡겨둬! 백설공주를 위해서라면 왕궁 도서관에 잠입하는 정도는 식은 죽 먹기지!

 그 '공주'라고 부르는 것 좀 그만둬! 내가 딱히 공주도 아닌데.

 피부가 하얗잖아! 피부가 하얘!

 그래서 우리가 '백설공주'라고 부르는 거지. 마음에 안 들어?

 뭐 아무렴 어때. 그보다 이 거울 같은 거 말이야, 아마도 이 문자판을 누르는 것 같은데~

맡겨줘, 우리가 할게. 뭘 누르면 되지?

 음~ 그러니까. 으~음, 그럼 pip install jupyter…인가?

 갑자기 긴 문장이네! 기다려. 이거랑 이거랑, 여기를~

 앗! 뭔가 반응을 했어!

 글자가 나왔다! 글자가 나왔다!

 뭐라고 쓰여 있는지 잘 모르겠네….

 다른 것도 시험 삼아 해 보자!

 이번에는 pip install matplotlib은 어때?

 또 나왔다! 또 나왔다!

 또 다른 글자가 잔뜩 나왔네.

 괜찮은 거 같네. 그럼 다음에는 pip install numpy, 그리고 그 다음엔 pip install chainer.

 좋아! 다 입력해 보자.

 아무렇게나 입력하지 말아주세요!!

 말… 말을 한다!!

 미안해!!

어, 여긴 어디?

 넌 절벽 아래에 묻혀 있었어.

 파봤더니 문자판도 같이 묻혀 있어서 눌러보면서 조사 중이야.

 으음, 기록이 전부 드문드문 끊겼네. 뭔가 여러 가지 모듈이랑 라이브러리가 갱신된 거 같군. 아, 정말 고마워요.

 미안해, 함부로 손을 대서. 흥미가 있어서 깨끗하게 닦고 가져왔지. 이것저것 시험해 보는 중이었어.

 역시 고대 문명이다! 고대 문명!

 고대 문명일 가능성이 높겠지?

 이거 큰 발견인데, 공주!

 정말 고문서의 '마법 거울'이 틀림없는 것 같아. 우선 이 고문서 해독을 서둘러야겠어.

1-4 마법의 의식

조사 23일째

수수께끼 고대 문명의 유적을 찾아 깊은 숲 속에 머물며 조사를 시작한 이후 처음으로 큰 수확이 있었다. pip install은 고대 문명의 언어인 파이썬으로 **'새로운 신이시여, 내려오소서'**의 의미라고 한다. 그 말을 신에게 전달하려면 **신의 제단인 '터미널'**에서 다음과 같이 기술한 후 마법 의식을 시행하면 된다.

`pip install (부르고 싶은 신)`

불러온 신을 배제하는 방법은 다음과 같다.

`pip uninstall (제거하고 싶은 신)`

신을 제거하는 일은 불경스러우므로 거의 이용하지 않는다. 하지만 복잡하게 얽혀있어서 다시 시작하고 싶을 때는 그런 의식을 행한다. 신도 계속 정진하므로 새로 얻은 능력을 발휘하게 하려면 다음과 같이 입력한다.

`pip install --upgrade(업그레이드하고 싶은 신)`

이렇게 쓰고 나서 의식을 행하는 것 같다.

우리가 무심코 행한 의식은 황송하게도 고대의 신을 소환하는 의식이었다. **matplotlib**은 이 세상에서 일어나는 현상을 표시하는 신이고, **numpy**는 이 세상에서 일어나는 현상을 예언하기 위한 계산을 하는 신이다. **chainer**는 비교적 새로운 신인데, 우리가 발굴한 '마법 거울'에도 기록이 없다. 거울이 만들어진 시기보다 고문서가 기록된 시기가 나중이라는 것일까? 이들 신앙에 관한 연구를 계속할 필요가 있을 것 같다.

발굴 조사를 시작하고 20여 일이 지나서 발견된 이 '마법 거울'의 기록은 대부분 지워져 있었다. 대화는 할 수 있지만, 지금까지의 경위는 잘 모른다고 한다. 다만 앞에서와 같은 신의 의식을 고문서에 기록된 대로 실행하면 그 나름대로의 반응이 있으니 고대 문명의 유물임에는 틀림없다. 마법 거울과의 대화를 통해 우리가 알고 싶어하는 고대 문명에 가까워질 것으로 기대된다.

 정리해 보면 이런 상태인 거지?

 공주는 일기 쓰는 걸 정말 좋아하는구나. 아무래도 상관없잖아. 이것저것 더 시켜보자!

 고대 문명에 대해선 아직 잘 모르니까 신중해야 해. 정말 대단한 발견이라면 제대로 기록도 남겨야지.

 고문서 해독! 해독!

 응, 그렇지. 어제까지 해독한 부분은… jupyter notebook이라는 신에 관한 부분이야.

 우리가 부른 신은 어떤 신이야?

 인간이 마법을 쓸 수 있게 도와주니까 아마도 나쁜 신은 아닐 거야.

 그 다음 부분이 있었어. 나도 조금 읽어봤어.

그렇지. 신의 제단 '터미널'에서 jupyter notebook이라고 쓰고 의식을 행할 때마다 그 모습을 드러낸다고 되어 있어.

 해 보자! 해 보자!

 jupyter notebook…이라고.

 jupyter notebook이군요. 일반적으로 사용하는 브라우저 화면으로 표시합니다.

 우와! 뭐야!!! 마법 거울에 이상한 게 나타났어.

 이게 jupyter notebook…

 에고~ 파이썬 계통의 신들은 그렇게 무섭지 않아요. 매번 놀라지 말아 줄래요?

 아, 알았어.

jupyter notebook은 위대한 신이었다.

우리가 문장으로 만든 서툰 파이썬 마법 사용을 도와준다.

다른 신과 달리 jupyter notebook은 신의 제단 '터미널'에서 간단히 불러낼 수 있다.

불러낼 때마다 모습을 드러내며, 우리가 파이썬으로 마법을 입력하기를 기다리는 것

같다.

우리가 파이썬을 활용해서 마법을 신에게 전달하려면 jupyter notebook의 **오른쪽 위**

에 있는 'New' 메뉴에서 'Notebook'의 'Python 3'을 선택해야 한다.

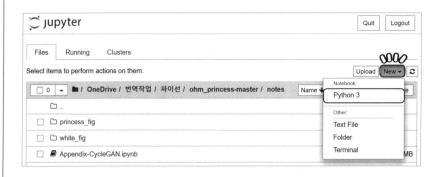

마법을 쓰려면 어느 정도 수련이 필요한데, 보조 역할을 담당하는 신이 지난 번에 소

환한 **numpy**와 **matplotlib**이다. 그래서 jupyter notebook에 우선 다음과 같은 마법

을 썼다.

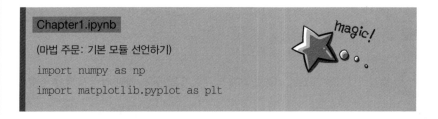

Chapter1.ipynb

(마법 주문: 기본 모듈 선언하기)

```
import numpy as np
import matplotlib.pyplot as plt
```

import numpy as np란, numpy를 np로 줄여서 호출한다는 의미이다. 신의 이름을 줄여서 부르겠다고 선언하다니 굉장히 용기가 필요한 일이다.

import matplotlib.pyplot as plt는 matplotlib에 포함된 pyplot을 plt로 줄여서 부르겠다는 의미이다.

matplotlib은 한 분의 신이 아니라 신의 집단을 가리키고, pyplot은 그 집단 속에 존재하는 신의 일원이다. 마법 거울에 따르면 **신의 집단은 라이브러리, 신의 일원은 모듈**이라고 부르는 것 같다.

이렇게 읽은 마법을 발동하려면 거울의 문자판에서 [Shift]와 [Enter]를 동시에 눌러야 한다. 처음에 파이썬 철자를 틀려서 마법 거울에게 혼난 일도 기록해 둔다. 어느 부분이 틀렸는지 친절한 신 jupyter notebook은 상냥하게 가르쳐 준다. 마법 거울은 마법이 틀리면 화를 내지만, 제대로 실수 없이 마법을 사용했을 때는 반응이 없어서 쌀쌀맞다. 온화한 성격도 있지만, 신보다 더 무서운 마법 거울이다. 일부러 그러는 걸까? 언젠가 온화한 성격도 나오길 기대하자.

1-5 난수 발생시키기

조사 26일째

numpy 신이 일으킨 기적의 일부를 검증했다. 눈 앞에 난수라는 숫자를 발생시키는 난수 생성 마법을 이용한다. 마법을 이용하기 위해 jupyter notebook에 다음과 같은 마법을 썼다.

```
Chapter1.ipynb
(마법 주문: 난수 생성하기)
D = 100
N = 2
xdata = np.random.randn(D*N).reshape(D, N).astype(np.float32)
```

D = 100이란, **D라는 문자에 100이라는 값을 넣는다**는 의미이다. 이것 때문에 앞으로 나오는 문자 D에는 모두 100이라는 값이 들어간다. 비교적 초기 단계에서 이렇게 값을 지정해 두면 좋다.

N = 2도 마찬가지로 **N이라는 문자에 2라는 값을 넣는다**는 의미이다. 다음으로 **xdata = np.random.randn(D*N)**은 xdata에 **np.random.randn**이 생성한 **임의의 숫자값을 넣는다**. 여기에 있는 '마침표(.)'를 '〜의'로 바꿔서 읽으면 이해하기 쉽다.

np.random.randn은 np의 random의 randn, 즉 numpy 신들의 일원인 random이 특기로 하는 randn이라는 마법을 이용한다는 의미이다. 이어지는 **.reshape**는 **숫자를 나열하는 방식**을 지정하는 마법이고, 이 마법은 **세로에 D개, 가로에 N개**의 난수를 나열한다. **.astype(np.float32)**는 **취급하는 숫자값의 정밀도**를 나타낸다.

jupyter notebook에 써넣은 마법 주문을 '프로그램'이나 '코드'라고 부릅니다.

 (D*N)이라는 건 숫자의 개수를 지정하는 걸까?

 아무래도 그런 모양이야. '*'는 곱한다는 의미라고 해. D×N으로 모두 200 개의 난수를 만들어내는 모양이야.

 우리가 쓴 마법이 잘 전해진 건가?

 그럴 때는 **print(xdata)**라고 jupyter notebook에 **전달하면 된다**고 나와있 어. 빨리 해 보자.

In [1]:
```
import numpy as np
import matplotlib.pyplot as plt
```

In [2]:
```
D = 100
N = 2
xdata = np.random.randn(D*N).reshape(D,N).astype(np.float32)
```

In [3]:
```
print(xdata)
```
```
[[-1.5296204   1.0375193 ]
 [ 0.39824438  0.850015  ]
 [-1.2387445  -0.6208715 ]
 [-1.1604159  -0.5895522 ]
 [-1.0925784   2.5870993 ]
 [ 0.83331287  1.290192  ]
 [-0.87425095  0.8544954 ]
 [-1.4737636   0.08442247]
 [-0.685335    1.5328143 ]
 [-0.42495802  0.7946147 ]
 [ 1.5201478   0.5049326 ]
 [-0.20948185 -0.94558054]
 [-0.27509215 -1.0289142 ]
 [-0.18242939  0.04209168]
 [ 1.5745888   0.35141942]
 [ 0.5986387  -0.16945504]
 [ 0.04226239 -1.4807974 ]
 [ 1.8372889  -0.16834624]
 [ 1.033565   -0.49465975]]
```

 난수가 나왔다!! 난수가 나왔다!!

 확실히 난수가 생성된 모습이네.

1-6 그래프로 결과 표시하기

많은 숫자가 나열되니 결과를 알아보기 어려웠다. matplotlib.pyplot 신에게 부탁하자, 이해하기 쉬운 모양의 그래프를 그려줬다.

Chapter1.ipynb

(마법 주문: 산포도 그리기)
```
plt.scatter(xdata[:, 0], xdata[:, 1])
plt.show()
```

---

plt.scatter는 pyplot 신이 자신 있는 **산포도 그리기 마법**을 이용한다는 말이고, 산포도는 숫자를 흩어진 점으로 나타낸 그림이다.

xdata[:, 0]이라고 쓰면 가로 세로로 나열된 숫자 중에서 **1열에 세로로 나열된 숫자 전체**라는 의미이다. 그리고 **xdata[:, 1]**이라고 쓰면 **2열에 세로로 나열된 숫자 전체**라는 의미가 되는 것 같다. 반면 '**:**'은 **전체라는 의미**이다. 0이라고 쓰면 첫 번째, 1이라고 쓰면 두 번째가 되는 것처럼 숫자를 다루는 방법이 지금과는 좀 다른 듯하다. plt.scatter의 ( ) 안에 **처음으로 들어간 숫자가 점의 가로 위치(X 좌표)를 나타내고, 다음으로 들어간 숫자가 세로 위치(Y 좌표)**를 나타낸다.

마지막에 **plt.show( )**라고 쓰면 난수가 흩어져서 표시된 모습이 **거울에 비친다.** 여기서 알 수 있는 것은 우리가 발굴한 마법 거울은 pyplot 신의 힘을 빌려서 영상을 거울에 비춰주는 장치였던 것이다.

와~ 예쁘다! 별님 같아.

 동그라미가 잔뜩! 동그라미!!

 0인데 첫 번째라는 의미가 되는 거야?

 파이썬에서는 숫자를 세는 방법이 우리와는 조금 다른 모양이야. 고대 문명의 언어이니 어쩔 수 없지. 분명히 그 당시에 어떤 이유가 있었을 거야.

 이런 많은 숫자를 한 번에 다룰 수 있구나.

100개의 점을 일일이 그리는 건 정말 힘든 일인데!!

 고대 문명은 정말 놀랍네! 놀라워!

 고대인들은 그렇게 많은 숫자가 잔뜩 나열된 것을 '데이터'라고 불렀지요.

 데이터? 귀에 익은데~ 뭔가 중요한 의미가 있는 것 같아.

1-7 두 종류의 다른 데이터

마법으로 만든 대량의 데이터를 두 그룹으로 나눠보기로 했다. 우선 그 경계선을 만들기 위해 고문서 해독을 진행했다.

```
Chapter1.ipynb

(마법 주문: 함수 정의하기)
def f(x):
⇨ y = x*x
    return y
```

magic!

자동으로 경계선을 만들기 위해 **함수를 만드는 마법**에 주목했다. 주어진 수치를 더하고, 빼고, 또는 곱하고 나누어 크게 하거나 작게 하는 등의 계산을 통해 값을 바꾸는 것이 함수의 역할이다. 함수의 규칙을 결정하는 함수 정의는 처음에 해야 한다.

함수는 def라는 마법으로 정의한다. **def f(x):**라고 쓰면 f(x)라는 함수를 만들 준비를 한다. 함수를 만들어 놓으면 정의한 규칙에 따라 계속 계산시킬 수 있다. 사람 손으로는 할 수 없을 것 같은 복잡한 계산을 시킬 수도 있는 매우 유용한 마법이다.

함수를 정의하는 def(x): 아래에 조금 들여쓰기하여 마법의 내용을 작성한다. 이 들여쓰기는 들여쓴 부분이 모두 함수의 내용임을 알 수 있게 한다. 들여쓰기를 할 때는 Space Bar를 네 번 눌러 공백을 입력하거나 Tab을 누른다. 끝에 '콜론(:)'을 붙여야 신의 노여움을 사지 않으므로 꼭 기록한다. 이렇게 마법 거울은 마법 의식의 세세한 부분까지 상당히 집착하고 있다.

```
def f(x)
    ^
SyntaxError: invalid syntax
```

우리가 시험 삼아 해 본 계산은 x라는 주어진 숫자를 두 번 곱하는 간단한 함수였다. *는 곱셈을 하라는 지시에 해당하고 덧셈은 +, 뺄셈은 −, 나눗셈은 / 기호를 이용한다. 그래서 3÷4는 '3/4'로 식을 쓰는데, 3/4를 계산하면 0.75가 되지만, 3//4를 계산하면 0이 된다. 이 경우 소수점 이하를 버린 정수가 나와서 편리하다.

다음으로 이 함수로 만들어진 경계선을 기준으로 위에 있는 것과 아래에 있는 것으로 나누기로 했다.

Chapter1.ipynb

(마법 주문: 조건식에 맞는 조건 찾기)

```
tdata = (xdata[:, 1] > f(xdata[:, 0])).astype(np.int32)
```

tdata = 뒤로 이어지는 부분에는 **조건식**을 기술했다. 즉 **경계선보다 위에 있는지, 아래에 있는지**를 조건으로 했다.

xdata[:, 0]은 점의 가로 위치(X 좌표)를, xdata[:,1]은 세로 위치(Y 좌표)를 나타낸다. 이 조건식으로 xdata[:, 0]에 있는 수치가 f라는 함수로 변경된 수치보다 xdata[:, 1]이 큰, 다시 말해서 위쪽에 있는 점을 찾을 수 있음이 판명되었다. **xdata[:, 0]이라고 기술해서 세로로 나열된 수 전체에 대해 같게 계산한다**는 것을 확인했다. 이것이 numpy 신의 위력이다. 이와 같이 numpy 신은 정말 위대하여 따르는 신자가 많았다는 고문서의 기록도 이해가 된다.

D개의 점이 경계선보다 위에 있으면 **True(참)**, 위에 없으면 **False(거짓)**라는 결과가 나오는데, 이것을 읽기 쉽게 정수로 나타내려고 astype(np.int32)를 추가했다. 그 결과, 정수로 나타내면 **True가 1, False가 0**이 된다. 고대인은 다양한 결과를 숫자 형태로 나타냈던 것 같다. 숫자에 대한 집착, 엄격한 마법 의식 등 고대 문명의 모습이 점점 수면 위로 떠올랐다. 이 정도의 고대 문명을 쌓아올린 고대인들은 어떤 사람들이었을까?

제대로 되고 있는 걸까?

 자, 그럴 경우에는 jupyter notebook에 print(tdata)라고 전달해 봐!

```
In [6]: print(tdata)
        [0 0 0 0 0 0 1 1 1 1 0 0 0 0 1 0 0 0 0 0 0 0 1 0 0 0 0 0 0 1 0 0 0 0 1 0 1
         0 0 0 0 0 1 1 0 0 0 1 0 0 0 1 0 0 0 0 1 0 0 0 1 0 0 0 0 0 0 0 0 0 1 0 1 1 0
         1 0 0 1 0 0 0 1 0 0 0 0 0 0 0 0 1 0 1 1 1 0 1 0 0 0]
```

 오! 0과 1이라는 숫자가 주르륵 있어!

 공주가 말한 대로야! 말한 대로!

 print(tdata)가 아니라 tdata라고만 써도 결과가 나오네. 어, 이 array라는 건 뭐지?

 numpy 신의 영향 아래에 있으면 array라고 표시되는 모양이야. numpy 신의 array 마력을 사용하면 많은 숫자를 한꺼번에 다루는 편리한 마법을 쓸 수 있나봐.

진짜로 D = 100개일까?

 궁금하면 print(tdata.shape)라고 써봐.

 정말이네! 정말이네!

 공주는 고문서 내용을 상당히 많이 이해하고 있구나.

 꽤나 푹 빠져있거든. 이걸 이용하면 우리가 준비한 데이터의 형태를 조사할 수 있어.

어제에 이어서 난수 데이터가 포함된 xdata를 두 그룹으로 나누는 작업을 시도해 보았다.

Chapter1.ipynb

(마법 주문: True(1)인지, False(0)인지 조사하기)
```
ndata0 = np.where(tdata == 0)
ndata1 = np.where(tdata == 1)
```

---

np.where는 numpy 신의 힘을 빌려서 **조건과 일치하는 것이 있을 경우에 그 장소를 보여준다**고 한다. **tdata == 0**이라고 하면 tdata 중에서 **딱 0인 것만 찾고 싶다**는 소원이, **tdata == 1**이면 **딱 1인 것만 찾고 싶다**는 소원이 이루어진다. 이때 두 개의 = 기호를 연이어 쓰는 것이 특징이다. 여기서도 numpy 신의 마법이 유효하게 적용되기 때문에 전체에서 단숨에 찾아주는데, 이것은 매우 편리하다. numpy 신은 물건 찾기의 신이기도 한 것 같다. 만약 소중한 액세서리를 잃어버렸다면 numpy 신의 힘을 빌려 np.where로 찾으면 될 수도 있다.

 결과를 확인하려면 print(ndata0)이라고 쓰면 되는 거지?

 응, 그렇게 해 봐!

In [10]: `print(ndata0)`

```
(array([ 0,  1,  3,  4,  6,  8,  9, 10, 14, 15, 16, 18, 19, 20, 21, 22, 23,
        24, 25, 26, 27, 28, 30, 31, 32, 34, 35, 36, 37, 38, 41, 43, 45, 46,
        47, 48, 49, 53, 54, 55, 56, 57, 58, 59, 61, 63, 64, 65, 66, 67, 68,
        69, 70, 71, 72, 73, 74, 75, 77, 79, 80, 81, 82, 83, 84, 85, 86, 87,
        89, 90, 91, 92, 93, 94, 96, 98]),)
```

In [11]: `print(ndata1)`

```
(array([ 2,  5,  7, 11, 12, 13, 17, 29, 33, 39, 40, 42, 44, 50, 51, 52, 60,
        62, 76, 78, 88, 95, 97, 99]),)
```

 우와아아~ 대단해! 정말이었어!!

 ndata1이 True인 것. 위쪽에 있던 것을 나타내니까. 2, 5, 7, 11…번째 점이 경계선보다 위에 있다는 거구나.

 많다! 많다!

 하나씩 숫자가 밀리니까, 우리가 말하는 방식으로는 3, 6, 8, 12…번째라는 거지. 까다롭지만 주의해야 해.

plt.scatter로 산포도를 그리려고 pyplot 신에게 다시 부탁했다. 또한 경계선도 동시에 그려서 이해하기 쉽게 표시하기로 했다. 다음과 같이 선을 그리는 범위를 지정했다.

```
Chapter1.ipynb

(마법 주문: 두 종류의 데이터를 그림으로 나타내기)
x = np.linspace(-2.0, 2.0, D)
plt.plot(x, f(x))
plt.scatter(xdata[ndata0, 0], xdata[ndata0, 1], marker = "x")
plt.scatter(xdata[ndata1, 0], xdata[ndata1, 1], marker = "o")
plt.show()
```

np.linspace(−2.0, 2.0, D)로 −2.0~2.0 범위에서 D = 100개의 점을 우선 준비한다. 생성된 점을 바탕으로 해서 plt.plot(x, f(x))로 경계선을 그려달라고 pyplot 신에게 부탁했다. 이 마법은 준비된 100개의 x에 대응하는 f(x)의 점을 차례대로 연결해서 선으로 만든다.

다음으로 두 종류의 점을 알아보기 쉽게 표시하기 위해, 산포도를 그릴 때 marker라는 옵션을 붙여 점의 모양을 바꾸기로 했다. 점의 모양은 30가지 이상 준비되어 있는 것 같다. plt.scatter에는 xdata[ndata0, 0]이라고 썼다. 콜론(:)일 때처럼 세로로 나열된 모든 숫자에 대해서 그리라는 지시가 아니라, .ndata0에 포함되는 번호의 점만 선택되어 그려진다. 이렇게 해서 여러 종류가 섞여 있는 데이터도 구별해서 다룰 수 있다.

```
In [7]:  x = np.linspace(-2.0,2.0,D)
         plt.plot(x, f(x))
         plt.scatter(xdata[ndata0, 0], xdata[ndata0, 1], marker = "x")
         plt.scatter(xdata[ndata1, 0], xdata[ndata1, 1], marker = "o")
         plt.show()
```

 와~ 두 종류의 점이 제대로 표시됐다!

 재밌어! 재밌어!

 이제 단순한 난수를 두 종류의 데이터로 나눌 수 있게 되었어! 정확히 경계
선을 기준으로 두 종류로 나뉘어지네. 이제 신경 쓰였던 일도 확인할 수 있
을 거 같아.

 신경 쓰였던 일?

응, 이 정도의 고대 문명을 쌓았던 고대인이 파이썬을 이용해서 무슨 일을 했는지 다가갈 수 있을 거야. 내 예상에는 아마 이 기술을 이용해서 미래를 예언한 게 틀림없어.

 에이, 우리의 점성술을 이길 순 없을 걸!

 오늘 공주의 운세는 그럭저럭이네.

 별의 움직임으로 미래를 예측하는 너희들의 점성술과는 또 다를 거야. 분명히!

 아, 여러분은 점성술을 하는군요. 별은 정해진 길을 따라 움직이는 거라서 예측하기 쉽지요.

 고대 문명에선 별의 움직임 말고 또 다른 걸 의지했어?

 별의 움직임도 데이터의 일종이지요. 세상에는 다양한 변화가 있고, 그 원인과 관계되는 것은 아주 많아요. 그 어느 것을 이용해도 상관없지 않을까요?

 그… 그렇지. 그러니까 고대인은 과거의 데이터, 이제까지 있었던 다양한 현상을 참고로 해서 미래를 예측했다는 거지?

 맞아요! 아, 일단 지금까지 했던 것을 저장해 둡시다!

 그런 것도 할 수 있어?! 넌 메모장 대신 쓸 수도 있고 편리하네.

 아, 그런 거라면 이런 편리한 기능도 있어요. jupyter notebook 화면의 이곳을 건드려 보세요.

 어, 문자판이 아니라 거울에 직접?

 네. 어서 해 보세요.

jupyter notebook 신은 꼼꼼해서 메모를 확실하게 남길 수 있도록 **MarkDown** 기능이 있다.

jupyter notebook을 호출한 후에 중앙에서 위쪽에 나타나는 'Code'를 누르면 몇 가지 서브 메뉴가 표시되는데, 그중 하나가 **'Markdown'**이다.

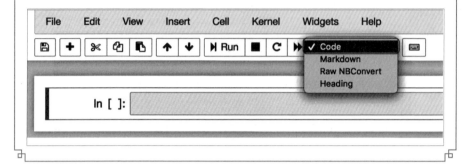

 Markdown을 이용하면 문장을 기록해서 남길 수 있어요.

 흠, 어디 보자! 입력했어.

 그 다음에는 Shift 와 Enter 를 동시에 누르세요.

 영차! 아, 문자가 위로 올라갔어.

 이렇게 코드 이외에 나중에 뭘 했는지 알 수 있도록 일반 문장으로 메모할 수 있어요. 거기에 있는 책도 이 기능을 이용해서 기록된 걸 거예요.

 편리한 기능이구나!

 #을 붙여서 입력하면 목차를 구성하거나 본격적인 문장을 구성할 수도 있지요.

 # 백설공주의 일기장이라고 썼어.

그 다음에는 [Enter]를 눌러봐요. 줄이 바뀔 거예요. 계속해서 ## 오늘의 한 마디!

 흐음, ### 마법 거울은 좀 건방짐. 됐다!!

 그게 무슨 말이죠!

jupyter notebook에 기술된 내용은 화면의 왼쪽 위에 있는 네모 기호를 누르면 기록된다.

이 네모 기호는 고대 문명보다 훨씬 이전에 초고대 문명에서 사용했던 '플로피디스크'라는 것으로, 자석을 이용해서 기록하는 원반을 상징한다.

새로운 이름으로 변경해서 보관할 수도 있는데, 쉬운 방법은 다음처럼 'jupyter' 기호의 옆에 있는 이름을 눌러서 수정하는 것이다.

또 다른 방법은 'File'이라고 적혀 있는 부분을 누르고 'Rename'을 선택해 이름을 수정한 후 'Save and Checkpoint'로 저장하는 것이다.

아무래도 상관없지만, 거울에 손을 댄다는 게 역시 어색하네.

 아, '터치패널'이라는 개념도 없는 거군요. 걱정하지 말고 눌러도 괜찮아요.

 응~~~ 쿡 쿡 쿡 쿡…

 그런 건 하지 마세요!!

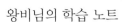

왕비님의 학습 노트 **1**

두 종류의 데이터를
준비한다

Chapter1.ipynb

기본 모듈 선언하기

ln[1]:
```python
import numpy as np
import matplotlib.pyplot as plt
```

 처음엔 프로그램에 필요한 모듈을 읽어오는구나!

 언제나 호출하는 모듈은 대체로 같습니다.

난수 생성하기

ln[2]:
```python
D = 100
N = 2
xdata = np.random.randn(D*N).reshape(D,N).astype(np.float32)
```

 무작위로 숫자를 발생시키는 곳이 여기구나.

 난수라고 하는데, 시험용 데이터를 만들어 봤습니다.

산포도 그리기

ln[3]:
```python
plt.scatter(xdata[:, 0], xdata[:, 1])
plt.show()
```

무작위로 숫자를 발생시키는 곳이 여기구나.

 난수라고 하는데, 시험용 데이터를 만들어 봤습니다.

함수 정의하기

```
ln[4]:  def f(x):
          y = x*x
          return y
```

 def 뒤에는 콜론(:)을 잊지 말아야 해. 몇 번이나 혼이 났네!

 함수를 정의해 두면 자주 하는 계산을 언제든지 간편하게 호출할 수 있어서 편리하답니다!

조건식에 맞는 조건 찾기

```
ln[5]:  tdata = (xdata[:, 1] > f(xdata[:, 0])).astype(np.int32)
```

 조건식을 사용하면 같은 것(==), 큰 것, 작은 것을 〈와 〉으로 나눌 수 있어.

 마지막에 .astype(np.int32)는 결과를 0과 1의 정수값으로 바꿔줍니다.

True(1)과 False(0)인 장소 조사하기

```
ln[6]:  ndata0 = np.where(tdata == 0)
        ndata1 = np.where(tdata == 1)
```

 where를 이용하면 몇 번째 숫자가 조건식을 만족하는지 찾아주지.

numpy의 기능으로 단번에 방대한 수치를 다룰 수 있어요!

두 종류의 데이터를 그림으로 나타내기

ln[7]:
```
x = np.linspace(-2.0, 2.0, D)
plt.plot(x, f(x))
plt.scatter(xdata[ndata0, 0], xdata[ndata0, 1], marker = "x")
plt.scatter(xdata[ndata1, 0], xdata[ndata1, 1], marker = "o")
plt.show()
```

 plot으로 그래프를 그릴 수도 있어.

 plt.show()라고 쓰기 전까지는 중복해서 쓸 수 있습니다.

제 2 장

머신러닝의 발견

화려하게 살고 싶은 왕비님

2-1 신경망 구축하기

고대인들은 과거의 데이터로 미래를 예측했던 것 같다. 우리의 점성술과는 달라 보이는데, 도대체 어떻게 미래를 예측했을까? 지난 조사 때 유적에서 발굴된 마법 거울이나 그 밖에도 몇 가지 특이한 점을 발견했다. 모두 문자판이 붙어 있는 공통된 형태를 하고 있었는데, 우리는 이것들을 '기계'라고 이름 붙였다. 이 기계에는 신의 힘이 깃들어있어서 고대인은 그 힘을 이용해 별자리로 미래를 예측했던 것으로 짐작된다. 그렇게 생각한 이유는 유적에서 발견된 흥미로운 벽화에 있다.

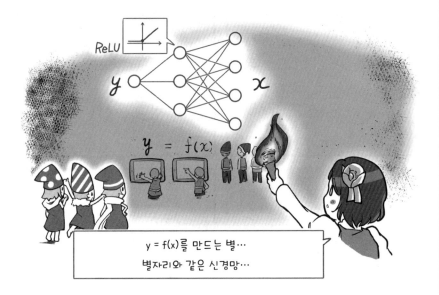

기계 장치와 사람들 머리 위로 별자리처럼 생긴 모양이 펼쳐져 있고, 그 주변을 에워싼 고대인을 묘사한 벽화였다.

언뜻 보면 점성술 의식의 한 장면으로도 보이지만 그런 건 아니다. 마법 거울의 이야기에 따르면 이 별자리처럼 생긴 모양의 정체는 고대 문명에서 이용했던 **신경망**이라는 것이다.

벽화에 그려진 **x는 입력, y는 출력**으로 해석하면 될 것이다. 고대인은 이 별자리처럼 생긴 신경망을 가진 마법 거울에 다양한 데이터를 입력했던 것으로 보인다. 무엇인가 판단하고 예측하기 위해 재료가 되는 수치를 데이터로 나타내고, 마법 거울은 **그 수치를 조합해서 종합적으로 판단**하여 내린 최종 결론을 고대인에게 전달했던 것이다. 어떻게 그 수치를 조합했는지 나타낸 것이 신경망(neural network)이다.

우리가 현재 별의 위치를 보고 미래 운세를 점치는 모습에 비유하면 이해하기 쉽다. 고대 문명에서는 마법 거울에 진짜처럼 생긴 별자리를 비추고, 거기에 알고 싶은 문제와 관련된 데이터를 입력해서 미래를 예측한다. 이 벽화에 나타난 것은 그런 의식의 일부로 추측된다.

고문서에서도 이 벽화와 같은 그림을 발견했다. 그림에는 다음 마법이 첨부되어 있었다.

```
Chapter2.ipynb

(마법 주문: chainer 선언하기)
import chainer.optimizers as Opt
import chainer.functions as F
import chainer.links as L
from chainer import Variable, Chain, config
```

magic!

이 벽화는 아무래도 **chainer라는 신의 집단**을 신앙하는 고대인이 그린 것 같다. optimizers, functions, links 신을 부르는 모습을 볼 수 있었다. 변함없이 신의 이름을 Opt, F, L로 바꿔 불러 경외하는 모습이 엿보인다. 어쩌면 고대에는 신과 인간의 거리가 가까웠는지도 모른다.

또한 from chainer, chainer의 신으로부터 **Variable, Chain이라는 두 천사와** config **로 부르는 천사의 실체를** 호출했다. 마법 거울에 따르면 신의 힘을 이어받은 천사를 '클래스(class)'라고 하고, 천사의 실체를 '오브젝트(object)'라고 부른다고 한다. 두 클래스는 신경망을 내장하고 있어서 자유로운 조작을 도와준다. config 오브젝트는 chainer의 전체 신들에게 지시하는 매우 중요한 역할을 담당하는 것 같다. 으음, 무슨 일일까?

우선 이 chainer의 신들에게 우리가 준비한 데이터를 바치고, 그 데이터의 점이 어제 그린 함수보다 위에 있는지, 아래에 있는지 나눠보기로 했다.
가장 먼저 이전에 준비한 데이터를 다시 호출했다.

Chapter2.ipynb

magic!

```
(마법 주문: 기본 모듈 선언하기)
import numpy as np
import matplotlib.pyplot as plt
(마법 주문: 난수 생성하기)
D = 100
N = 2
xdata = np.random.randn(D*N).reshape(D, N).astype(np.float32)
(마법 주문: 함수 정의하기)
def f(x):
  y = x*x
  return y
(마법 주문: 조건식에 맞는 것 찾기)
tdata = (xdata[:, 1] > f(xdata[:, 0])).astype(np.int32)
```

이와 같이 사전에 주어진 데이터에 대해서 신경망을 준비하면 해당 데이터를 분석할 수 있다고 생각할 수 있다.

모두 준비는 됐어? 정말 해 본다?

 별자리! 별자리!

 오~ 오~ 무슨 일이 있어도 공주를 지키겠어!

 꾸~ 꿀꺽

빠르게 신경망 설계부터 들어갔다.

Chapter2.ipynb

(마법 주문: 1층인 신경망 호출하기)

C = 2

NN = Chain(l1 = L.Linear(N, C))

최초의 **C = 2**는 이후에 마법 거울에서 **나오는 결과가 두 종류**라는 것을 명시한다. 난수로 우리가 만들어낸 데이터는 tdata처럼 0과 1이라는 두 종류의 값으로 나뉘므로 거기에 맞추기 위해서이다.

다음은 Chain에서 이용하고 싶은 신경망을 지정했다.

l1 = L.Linear(N, C)로 지정하고, 가장 간단한 **N 입력, C 출력**인 **선형 변환(linear transformation)**을 나타내는 별자리를 links 신께 부탁해 마법 거울에 탑재하기로 했다. 이 마법의 의미는 하나의 데이터당 입력과 출력의 개수가 각각 N개와 C개 있을 때 선형 변환이라는 N개의 수치에 각각 가중치를 곱해 C개의 수치로 변환하는 것이다. 그런 **'수치 조합'**을 생각해 내는 작업이 신경망에서 이루어진다. 이 신경망에는 NN이라는 이름을 붙였다. 가볍게 호출할 이름을 정해도 된다고 하니 여기서도 신의 소탈함을 볼 수 있다.

L.Linear(N,C)

L.Linear로 선형 변환을 호출할 수 있네!

거울에 별자리가 보여!

 나왔다! 나왔다!

 그런데 별이 없는데?

 고문서에 따르면 별을 이용해서 데이터를 나타내나 봐. 오른쪽에서 왼쪽을 향해 별자리를 따라 데이디가 전달된다고 해.

 이 별자리의 선을 따라 흘러가는 건가?

이 별자리에 별을 그리는 조작은 **def**로 **함수**를 만들어 실현했다.

오른쪽에서 왼쪽으로 흘러간다는 말대로 다음과 같이 규칙을 설정했다.

```
Chapter2.ipynb

(마법 주문: 함수 정의하기)

def model(x):
▶  y = NN.l1(x)
   return y
```

여기서 또 콜론(:)을 잊으면 마법 거울이 화를 내니 주의하자.

아직 익숙하지 않을지도 모르지만, 마법을 사용할 때는 들여쓰기로 블록을 나타낸다.

들여쓰기를 할 때는 [Space Bar]를 4번 누르거나 [Tab]을 누른다.

오른쪽 끝의 별무리 x에 입력하면 된다. 여기에는 난수로 생성한 우리가 준비한 데이터 xdata를 넣는다.

이 데이터를 별자리에 삽입하면 별자리의 형태를 따라 마법 거울의 내부에서 선형 변환이 이루어진다. 그리고 y라는 출력에 결과가 주어진다.

끝으로 [Shift]와 [Enter]를 동시에 누르니 마법 거울에 별이 보였다.

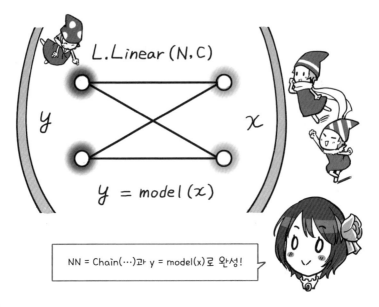

L.Linear (N,C)

y

x

$y = model(x)$

NN = Chain(⋯)과 y = model(x)로 완성!

 별이다! 별!

 이게 벽화에 있던 별자리처럼 생긴 신경망의 정체야. links 신이 만들어낸 신경망을 이 def model(x)로 마법 거울에 집어넣을 수 있어. 우리는 그걸 이용해서 데이터를 다루는 거지.

 의외로 간단하네.

 그건 그렇다고 해도 이 별의 형태는 신비해. 마법 거울이 신의 힘을 빌린 듯 한⋯

 응, 정말 신의 힘이 깃들어있는 것 같아! 그래, 신에게 무언가를 부탁해 볼 까?

(마법 주문: 함수 이용 및 출력 결과 표시하기)

```
ydata = model(xdata)
print(ydata)
```

magic!

별이 반짝였어!

 마법 거울에서 문자가!!!

```
In [16]: ydata = model(xdata)
         print(ydata)

         variable([[-0.63515806 -1.03981972]
                   [ 0.55773818  0.88876414]
                   [ 0.01998718  0.03859359]
                   [-0.53198403 -0.86900699]
                   [-0.60514784 -0.97105896]
                   [-0.15534437 -0.23256341]
                   [-0.27635163 -0.51017225]
                   [ 0.26587948  0.43971822]
                   [-0.39277869 -0.65596008]
                   [ 0.20615175  0.30629683]
                   [ 1.15458453  1.85960317]
                   [ 0.15899235  0.27909034]
                   [-0.10199089 -0.14740342]
                   [ 0.03215387  0.07646799]
                   [-0.59404045 -0.97622377]
                   [-0.82308257 -1.30124617]
                   [-0.76922405 -1.25845039]
                   [ 0.24260607  0.40046471]
                   [-0.46769845 -0.76135415]
                   [ 1.42644155  2.32847691]
                   [-0.11020471 -0.18520087]
                   [-0.01324707 -0.03038503]
                   [-0.39257857 -0.65138632]
                   [-1.32200718 -2.1661489 ]
                   [-0.91263235 -1.47613573]
                   [-0.43928051 -0.70746481]
                   [-0.51871091 -0.85967028]
                   [ 0.42924696  0.65743828]
```

 잔뜩 나왔어! 잔뜩!

 도대체 뭘 나타내는 걸까?

xdata에 있는 D = 100개의 데이터가 마법 거울에 입력됐고, 별자리 형태를 따라서 '선형 변환'이라는 걸 실행하니까 여러 가지 조합을 생각하고 있을거야. 그런데 뭘까? 2개씩 숫자가 나열됐고, 세로로 D = 100개니까 데이터와 관련된 어떤 숫자로 되어 있을 거야.

 데이터의 무엇을 나타내는 거지?

 으음~ 아무래도 두 개의 수치는 어느 쪽 그룹에 속하는지 경향을 나타내는 것 같아. 큰 수치가 있는 쪽으로 분류된다는 것 같은데.

 어, 그럼 마법 거울은 이미 데이터를 두 종류로 나눈 거네!

 어느 정도 정확한지 조사하려면 이 방법을 사용하면 되는 모양이야.

(마법 주문: 정밀도 검증하기)

```
acc = F.accuracy(ydata, tdata)
print(acc)
```

 이렇게 간단한 방법으로 괜찮을까?

 chainer의 신들 중에서 function 신의 힘, accuracy라는 마법이야. ydata 가 마법 거울에서 나온 수치이고, tdata는 어제 그린 함수보다 위인지, 아래 인지를 나타낸 정답이니까 그것들과 비교해서 점수를 매기는 거지.

 그러니까 성적 공개구나.

 0.4… 40% 정도의 정밀도야.

 40점이다, 40점!!

 그렇게 굉장하진 않네??

 대단치 않은 점수 같아.

 거, 거울아 너 아무렇게나 말한 거 아냐!!

 자~ 잠깐!! 그야 당연한 거 아닌가요? 갑자기 처음 본 걸 판단하는 게 잘 될 리 없잖아요!

무슨 말이야? 넌 뭐든 할 수 있는 마법 거울 아니니?

 세상 일을 보고 판단하려면 만든 네트워크를 최적화해 줄 필요가 있단 말이에요.

 최적화? 혹시 그게 optimizer라는 신의 역할인가? 알았어! optimizer 신에게 부탁해 신경망을 최적화하자.

 신경망의 최적화?

2-2 신경망의 학습

마법 거울이 입력된 데이터의 점이 함수의 위에 있는지, 아래에 있는지 잘 구분할 수 있도록 우리는 optimizer 신, Opt에게 신경망 **최적화**를 부탁하기로 했다. optimizer 신은 마법 거울을 미세 조정하는 기술자 신이라고 한다. 우선 최적화를 시작하기 위해 다음과 같은 마법 주문을 문자판에 입력해서 optimizer 신의 힘을 빌리기로 했다.

```
Chapter2.ipynb

(마법 주문: 최적화 방법 설정하기)
optNN = Opt.SGD()
optNN.setup(NN)
```

여기서 어떤 방식으로 신경망을 최적화할지 우리가 선택할 수 있는 것 같다. 시험 삼아 **Opt.SGD( )**라는 초보적인 방법으로 최적화를 시행하기로 했다.
optNN.setup(NN)이라고 써서 **최적화할 신경망을 지정**하면 준비는 끝난다.
그러자 이게 무슨 일일까? 마법 거울 안에서 작은 난쟁이들이 모습을 드러냈다.

우릴 불렀어? Opt님의 명령에 따라 뭐든 최적화해 주지!!

본 적이 없는 옷을 입은 난쟁이다.

 난쟁이야! 난쟁이!

 고문서에 나온 고대인의 복장과 비슷한데…. 설마, 혹시?

 우리 조상님?

 그렇구나. 고대 문명에서도 너희들의 선조가 활약했어도 이상하지 않지. 계속 마법 거울에 숨어 있었던 걸까?

 우리가 그 자손이야??

Opt의
난쟁이들

 오랜만에 밖에 나왔구나. 어디 보자, 새 일거리인가? 우선 chainer의 Variable 기능을 이용해 **오차역전파법**으로 조사해 줘. 그 결과를 합쳐 우리가 쓱싹쓱싹 하고 신경망을 최적화할 테니까 말이야.

오차역전파법?

 우선 **오차 함수**라는 건데, 출력 결과가 얼마나 정답과 어긋났는지 조사하는 거지. 조사한 오차 함수에서 오차역전파법을 사용해 신경망 계산 과정을 거슬러 올라가면 신경망에 내장된 선형 변환에서 어느 부분을 강하게 하거나 약하게 할 때 오차 함수가 작아지는지 알 수 있단다. 그 결과에 따라 마법 거울을 조금 조정하는 거야.

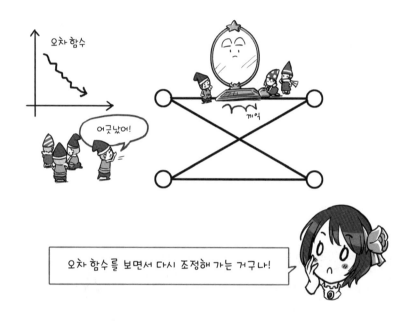

오차 함수를 보면서 다시 조정해 가는 거구나!

 확실히 마법 거울 안에서 조정하려면 몸이 작아야 문제없겠구나!

 우리가 시계 수리나 섬세한 작업을 잘하지만, 설마 마법 거울까지 미세하게 조정했을 줄은 몰랐어.

 기술자야! 기술자!

신경망 최적화를 하면 선형 변환 부분이 바뀌니까 데이터 조합 방식을 바꿔야 할까?

 데이터 조합 방식을 바꾼다는 게 무슨 말이야?

 데이터를 보는 방식을 바꾼다는 말일까? 보는 방식을 바꾸면 두 개의 데이터를 잘 나눌 수 있는 규칙을 발견할 수도 있잖아.

 맞아, 좋은 조합 방법이 발견되면 **'경사법'**이라고 해서 오차 함수가 내려가지. 조금씩 조정하면서 신경망을 최적화해 가는 거야.

 그렇게 당신들이 세상에서 일어나는 일에 맞춰 마법 거울을 미세하게 조정해 가면 데이터에 딱 맞는 신경망이 완성되는군요.

 이 공정이 잘 되고 있는지 기록을 남길 수도 있어.

 기록은 중요하지요. 우선 기록을 남길 장소를 준비할게요. 고문서에 나온 대로 써보면…

Chapter2.ipynb

(마법 주문: 학습 기록을 남길 장소 준비하기)

```
loss_series = []
acc_series = []
```

이렇게 하면 될까? loss_series에는 **오차 함수**를, acc_series에는 **성적**을 기록하는 것 같네. OK! 준비됐어요.

최적화 작업을 하려면 마법 거울 주변에 for문이라는 결계를 펼칠 필요가 있다. 난쟁이들이 집중해서 최적화하기 위해서라고 한다. 확실히 집중을 방해하면 좋지 않다. 지금까지보다 긴 설정이 필요하지만 각각의 의미는 명쾌했다.

Chapter2.ipynb

(마법 주문: 결계 펼치기)
```
T = 5000
for time in range(T):
```
(결계 안에서 처리할 내용이 이어진다.)

여기서는 T = 5000으로 **어느 정도 길이로 결계를 펼칠지** 수치로 설정했다. 물론 길면 길수록 최적화에 걸리는 시간이 길어진다.

for time in range(T):는 결계를 펼친다는 선언이다. 결계 안에서 타이머가 되는 것이 for 뒤에 기술한 time이다. 최적화는 조금씩 진행되는 **한 번의 미세 조정이 끝날 때마다 수치가 증가한다.** time = 0, 1, 2, …, 4999로 진행하고 5,000번의 미세 조정을 마치면 결계가 해제된다.

이 결계에 포함될 내용은 **모두 네 개의 공백을 두거나 Tab 을 이용해서 단을 들여쓰기 해야 한다.** 이 결계에서 빠져나가려면 Back Space 등으로 이전 단으로 돌아가야 한다.

데이터와 함께 신경망을 최적화하면 마법 거울이 해당 데이터를 제대로 보는 방법을 배우므로 이 과정을 '**학습**'이라고도 한다. 그러면 우리 인간이 학습하는 게 아니라 마법 거울, 그러니까 기계가 학습하니 '**머신러닝**'으로 불러야 할까? 다음은 실제로 수행한 최적화 절차를 기록해 둔 것이다.

(마법 주문: 학습 과정)

(계속)

⇨

```
config.train = True
optNN.target.zerograds()
ydata = model(xdata)
loss = F.softmax_cross_entropy(ydata, tdata)
acc = F.accuracy(ydata, tdata)
loss.backward()
optNN.update()
```

magic!

맨 처음에 나온 **config.train**은 **신경망 모드를 전환한다**고 선언하고 있다. **config. train = True**로 지정하면 학습 모드가 된다. **OptNN.target.zerograds( )**는 **초기화**로, 다음에 시작되는 최적화를 준비한다. 난쟁이들의 말로는 모든 기울기를 0으로 만든다 고 한다. **optNN.target**은 '**optNN.setup에서 지정된 NN**'을 나타낸다.

다음으로 **ydata = model(xdata)**로 **현재의 신경망을 이용해** 데이터를 시험 삼아 둘 로 나눈다.

loss = F.softmax_cross_entropy(ydata, tdata)에서는 ydata, 다시 말해서 현재 결 과와 정답 tdata가 얼마나 가까운지 보여주는 오차 함수를 계산해 그 결과를 loss에 기록한다.

또한 **acc = F.accuracy(ydata, tdata)**로 현재 성적을 체크할 수 있다. 이어서 **loss. backward( )**라고 되어 있다. 여기서 오차 함수 계산 과정을 되돌아보고 **오차역전파법 을 실행**한다. **optNN.update( )**로 실제로 난쟁이들이 마법 거울을 미세 조정한다는 것 이다.

상상했던 거랑 다르네!

 아야야얏! 그렇게 세게 움직이지 말아줘!!!

이걸로 어쨌든 신경망을 최적화할 수 있는 거지?

 여기를 움직여! 다음은 여기다!!

 마법 거울 안에 있는 NN = Chain(l1 = L.Linear(N, C))를 데이터와 함께 미세 조정하는 거니까, 확실히 정밀하고 힘든 작업이 되겠어.

 죄송해요! 죄송합니다! 히익!!

 어, 엄했구나! 우리 조상님들은…

 무서워! 무서워!

 결계 안에서는 오로지… 이건 마치 수행 같아!

앗, 잠깐! 기록할 준비를 잊고 있었네! [Ctrl]+[C]로 중간에 멈출 수 있구나!

 제대로 이 모습을 남겨주세요!!

학습 기록에는 지난 번에 준비한 for문의 결계 안에 loss_series, acc_series에 중간에 산출한 loss와 acc가 기록되도록 추가하면 된다.

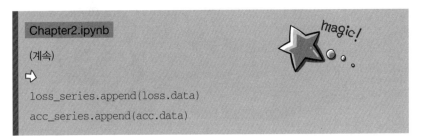

```
Chapter2.ipynb

(계속)
➡
loss_series.append(loss.data)
acc_series.append(acc.data)
```

loss_series.append(loss.data)로 loss_series에 loss 값을 덧붙인다. chainer의 신의 영향 아래에서 계산된 loss는 수치뿐만 아니라 기울기 등 다양한 요소가 포함되므로 순수하게 **수치만 알고 싶을 때**는 .data라고 쓴다. 이렇게 하면 오차 함수의 추이가 기록되어 **리스트**로 나열되는데, 해당 결과를 보고 제대로 두 데이터를 나눌 수 있게 되었는지 판단할 수 있다.

2-3 수행 성과 살펴보기

결과 표시에는 pyplot 신의 도움이 컸다.

```
Chapter2.lpynb

(마법 주문: 학습 기록 표시하기)
Tall = len(loss_series)
plt.figure(figsize = (8,6))
plt.plot(range(Tall), loss_series)
plt.title("loss function in training")
plt.xlabel("step")
plt.ylabel("loss function")
plt.xlim([0,Tall])
plt.ylim([0,1])
plt.show()
```

magic!

Tall = len(loss_series)로 loss_series에 들어있는 **모든 기록의 길이가 Tall**로 설정된다. 몇 번이고 결계를 다시 치면서 계속 학습한 경우라도 그때까지의 모든 기록을 표시할 수 있다.

plt.figure(figsize = (8, 6))으로 결과를 표시할 화면 크기를 결정한다. 이때 8은 가로 길이, 6은 세로 길이이다. 큰 화면으로 크고 강하게 결과 표시도 가능하다.

plt.plot(range(Tall), loss_series)를 이용해 가로에는 학습 횟수를, 세로에는 각 회차의 오차 함수 수치를 나열한 그림을 그린다. **plt.title("loss function in training")**으로 그림 제목을 표시할 수도 있고, **plt.xlabel("step")**으로 가로 축 이름을 지정할 수도 있다. 또한 **plt.ylabel("loss function")**으로 세로 축 이름을 지정할 수도 있다.

표시할 내용을 plt.xlim([0, Tall]), plt.ylim([0, 1])로 조정할 수 있다. **이 경우에는 0부터 Tall까지의 가로 폭과 0부터 1까지의 세로 폭으로 결과를 표시한다는 의미이다.** 마지막으로 **plt.show( )**라고 하면 거울에 수행의 결과, 아니 **학습의 결과가 투영**된다.

 내려갔다! 내려갔어!

 점점 내려가고 있네.

 학습이 진행됨에 따라 오차 함수가 작은 쪽이 정답에 가깝다는 거지?

 그렇지. 정답에 맞춰서 제대로 데이터를 둘로 나누려는 노력이 보여.

 그렇죠? 그렇죠? 노력했다니까요!

아직이야, 아직! 오차가 아직 남았다고!

 으윽~

 실력을 갈고 닦으려면 상당한 시간이 걸리는구나.

 마치 수행의 길 같아.

 수행! 수행!

 그런데 실제로 수행하는 건 거울이네.

 그렇구나! 난쟁이들이 마법 거울을 미세 조정하면 마법 거울은 입력된 데이터로 세상을 이해하는 비결을 배우는 거구나. 그렇게 해서 마법 거울은 세상에 대해 학습하는 거야.

 학습! 학습!

 무슨 말이야?

 우리 같은 인간이 아니라 기계인 마법 거울이 세상을 이해한다. 그리고 인간 대신 막대한 양의 데이터로 미래를 예측한다고?

 분명히 그럴 걸. 대단한 발견이야! 하지만 세상을 이해한다는 게 그렇게 단순한 일이 아닌데. 정말 잘 되고 있는 걸까? acc_series를 살펴보자!

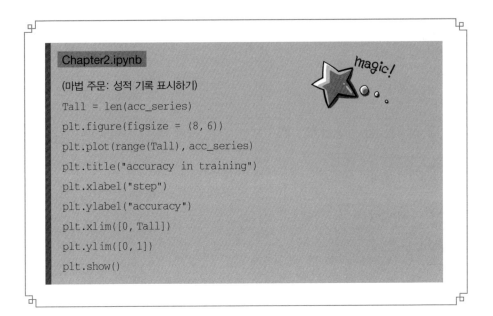

```
Chapter2.ipynb
(마법 주문: 성적 기록 표시하기)
Tall = len(acc_series)
plt.figure(figsize = (8, 6))
plt.plot(range(Tall), acc_series)
plt.title("accuracy in training")
plt.xlabel("step")
plt.ylabel("accuracy")
plt.xlim([0, Tall])
plt.ylim([0, 1])
plt.show()
```

 성적이 점점 올라간다! 오차 함수일 때와는 반대로 높은 쪽이 성적이 좋구나.

 똑똑해! 똑똑해!

대단해! 처음에 대충했을 때와는 전혀 다른 성적이 되었어.

 제시된 데이터를 보는 방식을 점점 학습하고 있다는 말이야. 그래서 제대로 두 개의 경계선을 찾아낸 거지.

 에헴!!

 좀 더 학습시키면 완전하게 두 데이터의 경계선을 맞출 수 있을까?

 당연하지. 그럼 다음으로 가볼까?

 에~~~~~!!!

조사 34일째

그로부터 몇 번이나 결계를 펼쳤다. 거울은 점점 우리가 준비한 뒤죽박죽인 난수 데이터를 잘 분류했다. 하지만 최종적으로는 어느 정도의 성적으로 성능이 향상되는 데 한계가 있었다. 고대 문명의 경이로움도 여기까지인가 하고 체념하기도 했다가 다시 link 신에게 부탁해서 새로운 신경망을 준비해 마법 거울에 장착했다.

```
Chapter2.ipynb

(마법 주문: 2층 신경망 호출하기)
C = 2
NN = Chain(l1 = L.Linear(N, 4),l2 = L.Linear(4, C))
```

 이번엔 입력과 출력 말고도 별자리가 연결되어 있네?

 응. 도중에 계산 결과를 남겨둘 수 있는 장소를 준비했어.

 그렇군.

 벽화에 있던 그림을 보고 단계적으로 수치를 조합하듯이 복수의 네트워크가 얽혀 있는 모습이 생각났어. 그러니까 신경망은 하나만 있는 게 아니야. '조합해도 되지 않을까?' 하고 생각했지.

그런 방식이면 점점 조합이 복잡해질 것 같은데.

 지금 만든 건 아마도 이런 신경망이 될 거야.

중간 계산이 들어가는 장소를 '중간층'이라고 부르는 것 같아.

 하지만 이뿐만이 아니야. 고문서에는 **비선형 변환**이 필수라고 되어 있어.

 어쩐지 이야기가 조금씩 어려워지기 시작하네.

 비선형 변환, 그러니까 선형 변환이 아니라는 말이지?

 아마 그럴 걸. 몇 개의 고문서를 살펴봤는데, 아무래도 신경망에는 links 신만 관련된 게 아닌가 봐. functions 신의 그림도 그려져 있어. 게다가 별의 형태도 조금 다른 것 같아.

 그렇다면 선형 변환 후에 비선형 변환을 하는 걸까?

별자리를 잇는 선을 '선형 변환'이라고 하니까, 우선 별 부분에서 그 비선형 변환이라는 걸 하면 되지 않을까?

 그래, 한 번 해 보자!

우리는 논의 끝에 **선형 변환을 시행한 후에 비선형 변환을 하기로 했다.** 고문서에 따르면 고대인은 F.sigmoid라는 functions 신의 힘을 빌린 비선형 변환을 즐겨 사용했던 거 같다.

Chapter2.ipynb

(마법 주문: 2층의 신경망 호출하기)
```
def model(x):
  h = NN.l1(x)
  h = F.sigmoid(h)
  y = NN.l2(h)
  return y
```

2단계의 선형 변환을 거치는 도중에 비선형 변환으로 빠져나가는 순서로 설정했다.
이 새로운 신경망을 내장한 마법 거울은 매우 우수한 성적을 거두는 데 성공했다.
무려 100%, 두 종류의 데이터를 경계선으로 제대로 나누는 데 성공한 것이다. 데이터를 몇 종류로 나누는 것을 '**식별**'이라고 부르는 것 같다. 이번 성공의 비결은 **비선형 변환**의 개입이었다.
어제 조사한 내용과 거의 같으므로 자세히 설명하지 않고, 마법 주문에 대해서는 눈앞에서 일어난 일만 기록해 둔다.

다시 SSD라는 방법으로 학습하기로 했다.

```
optNN = Opt.SGD()
optNN.setup(NN)
```

학습한 기록을 남길 장소를 준비하고

```
loss_series = []
acc_series = []
```

다시 결계를 펼쳤다.

```
T = 20000
for time in range(T):
    config.train = True
    optNN.target.zerograds()
    ydata = model(xdata)
    loss = F.softmax_cross_entropy(ydata, tdata)
    acc = F.accuracy(ydata, tdata)
    loss.backward()
    optNN.update()

    loss_series.append(loss.data)
    acc_series.append(acc.data)
```

```
# 오차 함수 표시
Tall = len(loss_series)
plt.figure(figsize = (8,6))
plt.plot(range(Tall), loss_series)
plt.title('loss function in training')
plt.xlabel('step')
plt.ylabel('loss function')
plt.xlim([0, Tall])
plt.ylim([0, 4])
plt.show()

# 정밀도 표시
plt.figure(figsize = (8,6))
plt.plot(range(Tall), acc_series)
plt.title('accuracy in training')
plt.xlabel('step')
plt.ylabel('accuracy')
plt.xlim([0, Tall])
plt.ylim([0, 1])
plt.show()                    "
```

신경망을 만든다

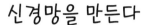

Chapter2.ipynb

기본 모듈 선언하기

```
import numpy as np
import matplotlib.pyplot as plt
```

난수 생성하기

```
D = 100
N = 2
xdata = np.random.randn(D*N).reshape(D, N).astype(np.float32)
```

함수 정의하기

```
def f(x):
    y = x*x
    return y
```

조건식에 맞는 것 찾기

```
tdata = (xdata[:, 1] > f(xdata[:, 0])).astype(np.int32)
```

 우선 지난 번 코드를 그대로 가져왔어.

 난수 데이터를 만들었군요.

Chainer 선언하기

```
ln[1]:  import chainer.optimizers as Opt
        import chainer.functions as F
        import chainer.links as L
        from chainer import Variable, Chain, config
```

 Variable, Chain 클래스, config 오브젝트를 읽어 들여와서 추가한다. 이건 도대체 무슨 말이야?

 모두 chainer가 제공하는 편리한 클래스입니다. Variable을 이용하면 기울기 계산이 쉬워져요. Chain으로는 신경망을 간편하게 사용할 수 있고, config로는 학습 모드와 테스트 모드를 전환한답니다.

2층 신경망 호출하기

```
ln[2]:  C = 2
        NN = Chain(l1 = L.Linear(N, 4), l2 = L.Linear(4, C))
```

 Chain 안에 그리고 싶은 신경망을 쓰기만 하면 되는구나.

 이렇게 계속 그려가면 더 깊은 네트워크도 금방 만들 수 있지요.

2층 신경망의 함수화하기

```
ln[3]:  def model(x):
            h = NN.l1(x)
            h = F.sigmoid(h)
            y = NN.l2(h)
            return y
```

도중에 비선형 변환을 넣는 게 핵심이네!

 다양한 비선형 변환이 있습니다.

최적화 기법 설정하기

```
ln[4]:   optNN = Opt.SGD()
         optNN.setup(NN)
```

 미세 조정 방법을 여기서 고르는 거지?

 '경사법'이라고 하지요. NN에 적용(setup)하는 것도 잊지 마세요.

학습 기록을 남길 장소 준비하기

```
ln[5]:   loss_series = []
         acc_series = []
```

 학습 기록을 남길 준비를 하는 거네.

 제대로 학습했는지 정확히 확인해 봐야 하지요.

결계 펼치기

```
ln[6]:   T = 20000
         for time in range(T):                    (계속)
```

 오래 하면 똑똑해지지만 시간도 걸리네.

 서서히 학습을 진행하지요.

```
(계속)
⇨
  config.train = True
  optNN.target.zerograds()
  ydata = model(xdata)
  loss = F.softmax_cross_entropy(ydata, tdata)
  acc = F.accuracy (ydata, tdata)
  loss.backward()
  optNN.update()                                    (계속)
```

 loss.backward( )로 오차역전파법, 그 결과로 갱신(update)한다.

 처음에 zerograds( )를 쓰는 것을 기억하세요.

학습 성과 기록하기

```
(계속)
  loss_series.append(loss.data)
  acc_series.append(acc.data)
```

 loss.data라고 하면 chainer로 계산된 결과가 출력되네.

 loss는 chainer 특유의 Variable 클래스로 되어 있어요. 값을 보려면 loss.data 를 사용해요.

기록 표시하기

ln[7]:
```
Tall = len(loss_series)
plt.figure(figsize = (8, 6))
plt.plot(range(Tall), loss_series)
plt.title("loss function in training")
plt.xlabel("step")
plt.ylabel("loss function")
plt.xlim([0, Tall])
plt.ylim([0, 4])
plt.show()
```

 결과 표시를 보고 확인하는 것도 중요해.

 만약 잘 안 됐으면 다시 결계로 되돌아가서 Shift + Enter 를 누르세요.

성적 기록 표시하기

ln[8]:
```
plt.figure(figsize = (8, 6))
plt.plot(range(Tall), acc_series)
plt.title("accuracy in training")
plt.xlabel("step")
plt.ylabel("accuracy")
plt.xlim([0, Tall])
plt.ylim([0, 1])
plt.show()
```

 Tall과 T는 다른 거야?

 T는 한 번의 결계가 지속되는 시간이고, Tall은 여러 번 결계를 펼친 경우에 합계 시간이 되도록 했어요.

제 3 장

추억의 붓꽃

말하고 싶어진 백설공주

공주는 항상 펜던트를
걸고 있네.

후후~
귀엽지? 할머니한테
받은 거야

1

그날 밤-

쿠쿠쿠

.....

이 고대 문명은
왜 계속되지 못한 걸까?

2

.....

쿠쿠쿠

3

4

바○스!

라고...

뭐야

깜짝

ㅡ 그것은 멸망의 주문

3-1 붓꽃 데이터 읽어들이기

고대 문명의 경이로운 기술. 마법 거울이 신경망을 통해 미래를 예측합니다.

장인 기질이 있는 난쟁이들이 결계 안에서 마법 거울을 미세 조정하고 신경망을 최적화해서 문제를 정확히 파악한 후 경향을 학습하는 기술인 '머신러닝(machine learning)'의 일부입니다.

마법 거울은 이런 고대 문명의 기술로 만들어진 물건인 듯합니다.

어찌된 일인지 지금은 왕비님 곁에서 매일 즐겁고 마음 편하게 지내는 것 같군요.

오늘은 왕비님과 마법 거울이 가까운 산으로 산책을 나왔습니다.

산에서도 마법 거울은 예전에 얻은 힘을 발휘하는 것 같습니다.

모두 모여서 꽃밭을 바라보고 있네요.

 와, 붓꽃이다. 예뻐라!

 이건 부채 붓꽃이네요.

꽃에 대해 잘 알고 있구나!

 열심히 공부했으니까요.

 공부? 붓꽃을 공부했어?

 정말 이건 잊혀지지도 않아요. 결계 안에서 오로지 붓꽃의 데이터만 바라보면서 꽃의 특징만으로도 어떤 붓꽃인지 파악할 수 있도록 단련했지요.

 결계?

 지난 번에 병사들에게 for k in range(100):이라고 말한 적 있지요? 그 for문을 들으니 옛 기억이 되살아나네요. 그립네요.

 그 파이썬을 너도 알고 있어?

 예, 사실 전 그쪽이 이해하기 쉬워요. 게다가 붓꽃에 관련된 데이터를 불러낼 수도 있지요.

 진짜? 그걸 보면 나도 붓꽃에 대해 잘 알 수 있을까?

 글쎄요. 음, 그럼 모듈뿐만 아니라 데이터셋도 호출할 필요가 있겠군요.

마법 주문:
scikit-learn 호출

Chapter3.ipynb
import numpy as np
import matplotlib.pyplot as plt
import sklearn.datasets as ds

 뭐야 뭐야~ 거울에 이상한 글자가 나타났다!! import sklearn.datasets as ds가 뭐지?

 이것도 파이썬이랍니다. 계산하기 위한 numpy 신, 결과를 표시하는 matplotlib의 신들, 그리고 척척박사인 sklearn의 datasets 신을 호출한 거예요. 이제 붓꽃 데이터셋을 호출할 수 있어요.

 척척박사 신도 있네. 흐흠~

 계속해서,

Chapter3.ipynb

(마법 주문: 붓꽃 데이터셋 읽어들이기)

```
Iris = ds.load_iris()
xdata = Iris.data.astype(np.float32)
tdata = Iris.target.astype(np.int32)
```

이렇게 하면 OK예요.

이것도 전부 파이썬이구나. 으음~ ds.load_iris()라는 건 datasets의 load_iris()라는 의미인가?

 오오, 맞아요. load_iris()이니까, iris, 즉 붓꽃 데이터를 읽어들인다는 말이지요. datasets 신으로부터 해당 데이터가 전송됩니다.

 그래? 어디로??

 제 머릿속으로요. 후후~

 에이 치사해. 내용을 보여달라고! 아, 나는 이런 때 쓰는 파이썬을 알고 있어. print(xdata)!

 하아~

대단해! 숫자가 잔뜩 나왔어! 정말 너도 파이썬을 쓸 수 있구나. 그럼 print(tdata)!

 으아아아~~

이게 부채 붓꽃인가?

In[5]: print(tdata)

 콜록~ xdata에는 붓꽃의 특징량이 들어있어요. 각각 왼쪽부터 꽃잎의 길이, 너비, 꽃받침 조각의 길이, 너비를 나타내죠.

Chapter3.ipynb

(마법 주문: 숫자의 배열 형태 체크하기)

```
D,N = xdata.shape
```

이렇게 하면 가로로 N = 4개의 특징량이 나열된 것을 확인할 수 있어요. 위에서부터 D = 150개의 데이터가 나열되어 있고요.

 데이터가 150개나 되는구나! 그 정도면 붓꽃의 특징을 대체로 알 수 있을지도 몰라.

 tdata에는 붓꽃이 어떤 종류인지 표시되거든요. 즉 0이면 부채 붓꽃(*Iris setosa*), 1이면 다른 붓꽃(*Iris versicolor*), 2이면 또 다른 붓꽃(*Iris virginica*)라는 식입니다.

그러니까 D = 150개의 붓꽃이 세 종류로 분류되어 있다는 말이네. 그걸 네가 학습해서 부채 붓꽃이라고 알아본 거구나.

 그런 셈이지요. 정말 맞는지는 잘 모르지만, 최종적으로는 꽤 정밀하게 식별할 수 있게 됐지요.

 식별 결과의 정확도는 어떻게 알지? 자격 시험 같은 거라도 있어?

 훈련 데이터로 학습한 다음에는 일반화 성능을 확인합니다. 시험 데이터로 어느 정도 성적을 얻을 수 있는지가 중요한데, 전 97점 정도까지 받았던 거 같네요.

 그렇구나. 그리고 보니 내 방에 와서부터 갑자기 말하게 됐었지. 그럼 그전에는 어디에서 뭘 하고 있었어?

 그게 왕비님을 만나기 전 일은 잘 기억이 나지 않아요. 붓꽃을 보니까 붓꽃에 대한 정보와 힘들었던 기억이 떠올랐을 뿐이에요.

 흐음~ 그럼 이건 무슨 붓꽃일까?

3-2 붓꽃 데이터 식별하기

scikit-learn의 신 중에서 datasets 신은 다양한 데이터셋을 제공하는데, 이것을 이용해서 마법 거울에 다양한 정보를 학습시켜 볼 것이다. 그리고 이러한 학습 절차를 '**머신러닝**'이라고 이름을 붙였다. 마법 거울은 여러 종류의 데이터가 있을 경우 머신러닝으로 데이터를 적절하게 나누는 '**식별**' 문제, 수치의 변동 규칙을 파헤치는 '**회귀**' 문제 해결에 도움을 주었다.

이번에는 붓꽃 데이터셋을 이용해 세 종류의 붓꽃을 식별하는 문제에 착수했다. 그런데 이때 몇 가지 중요한 점이 있다.

데이터를 보여주고 학습시킨 건 되지만, 본 적이 없는 것도 잘 나눌 수 있는 걸 정말 하고 싶어.

지금까지는 본 적이 있는 데이터를 잘 나눌 수 있도록 미세 조정했을 뿐이구나.

학습 데이터 이외에는 보여준 적이 없지만, 답을 알고 있는 예가 있으면 좋겠어. 현재는 수중에 있는 데이터만 있는 거지?

지금 있는 데이터를 둘로 나눠서 사용하면 어떨까? 일부는 학습에 이용할 '훈련 데이터', 다른 한쪽은 제대로 식별할 수 있게 됐는지 확인하기 위한 '시험 데이터'라고 하자.

 그거 좋은 생각이네! 자, 그럼 데이터를 나누자. 시험 데이터도 제대로 나눌 수 있으면 성공이란 거네!

고문서에 의하면 시험 데이터로서 나는 미지의 데이터를 정확히 식별할 수 있는 능력을 '**일반화 성능**'이라고 부른다. 머신러닝에서는 미지의 데이터에 성능을 발휘할 수 있는 일반화 성능을 높이는 것이 중요해졌기 때문에 다음과 같이 데이터를 둘로 나누기로 했다.

```
Chapter3.ipynb

(마법 주문: 훈련 데이터와 시험 데이터)
Dtrain = D//2
index = np.random.permutation(range(D))
xtrain = xdata[index[0:Dtrain], :]
ttrain = tdata[index[0:Dtrain]]
xtest = xdata[index[Dtrain:D], :]
ttest = tdata[index[Dtrain:D]]]
```

처음에 Dtrain = D//2로 해서 **D를 절반으로 나눈 수**를 훈련 데이터 수로 했다. index에는 numpy 신의 부하 random의 마법 중 하나인 permutation(range(D))를 이용해 **D = 150개의 숫자를 랜덤하게 정렬**한 순열을 넣었다. 이렇게 함으로써 range(D)로 0~149까지 하나씩 중복 없이 순서대로 나열된 숫자의 순서를 카드를 섞듯이 바꿀 수 있다.

다음으로 **xdata에 있는 150개의 데이터 중에서 Dtrain = 75개를 xtrain으로** 준비했다.

index[0:Dtrain]으로 해서 index에 있는 숫자열의 전반 첫 번째부터 Dtrain 번째까지로 들어있는 숫자로 데이터의 번호를 지정해 xdata에서 D = 75개의 데이터를 꺼낸다. **xtest에는 나머지 D-Dtrain = 75개**의 데이터를 넣었다. index에는 중복되지 않는 0~149까지의 숫자가 랜덤하게 정렬되어 있으므로 index[Dtrain:D]라고 지정해서 xtrain과 xtest에 같은 데이터가 선택되는 일은 없다.

직접 xdata의 전반과 후반으로 데이터를 나누지 않고 index를 사용하는 이유는 원래의 데이터가 순서에 따라 데이터의 종류가 이미 나뉘어지는 경우가 있어서 **훈련 데이터와 시험 데이터에 종류가 치우치는 것을 방지**하기 위해서다. 이와 같은 방법으로 ttrain, ttest를 작성했다.

이것으로 데이터를 분리했다. 이 기능은 앞으로 매우 중요해지므로 훗날 꼭 정리해 놓는 것이 좋다.

다음으로 새로 마법 거울에 내장할 신경망을 준비했는데, 사전 준비는 이것으로 끝이다.

Chapter3.ipynb

(마법 주문: chainer 선언하기)

```
import chainer.optimizers as Opt
import chainer.functions as F
import chainer.links as L
from chainer import Variable,Chain,config
```

다음으로 3단계 선형 변환으로 다양한 각도에서 붓꽃 데이터를 바라보게 설정했다.

Chapter3.ipynb

(마법 주문: 3층 신경망 호출하기)

```
C = np.max(tdata)+1
NN = Chain(l1 = L.Linear(N,3), l2 = L.Linear(3,3),
      l3 = L.Linear(3, C))
```

처음에 나오는 C = np.max(tdata)+1은 **np.max(tdata)로 tdata 안의 수치 중 최댓값**을 추출하는 마법을 이용한다. 추출한 값에 +1을 해서 파이썬과 우리가 숫자를 다룰 때 생기는 차이를 해소한다. 이번 경우에는 tdata에 붓꽃의 종류 0, 1, 2라는 세 가지 숫자가 있으므로 최댓값 2에 1을 더해서 C = 3이 결과로 들어간다.

```
Chapter3.ipynb
(마법 주문: 3층 신경망의 함수화)
def model(x):
  h = NN.l1(x)
  h = F.relu(h)
  h = NN.l2(h)
  h = F.relu(h)
  y = NN.l3(h)
  return y
```

여기서 선형 변환만으로는 붓꽃 데이터 숫자의 단순한 조합만 고려한다는 점에서
functions 신에게 부탁해 비선형 변환을 중간에 적용한다. links 신과 functions 신의
협주로 의식이 시작된다.

마법 거울의 내부에 내장된 신경망을 미세 조정하면서 붓꽃 식별 문제에 착수했다.

 오늘은 붓꽃을 식별하는군요.

 D = 150개나 되는데 할 수 있겠어?

 글쎄요. 어떨까요?

 일단 늘 하던 경사법으로 해 볼까?

 그래. 우선 Opt.SGD()로 고대의 난쟁이들을 소환해 보자.

Chapter3.ipynb

(마법 주문: 최적화 기법 설정하기)

```
optNN = Opt.SGD()
optNN.setup(NN)
```

최적회 기법을 경사법으로 설정한 후 학습 상태를 기록하려고 **훈련 데이터에 대한 성능과 시험 데이터에 대한 성능을 모두 볼 수 있도록** 기록할 준비를 했다.

Chapter3.ipynb

(마법 주문: 학습 기록을 남길 장소 준비하기)

```
train_loss = []
train_acc = []
test_loss = []
test_acc = []
```

 어! 우릴 불렀어? 또 새로운 일을 시작하나봐.

 잘 부탁해요. 이거로 train_loss가 순조롭게 내려가고, train_acc가 순조롭게 올라가면 학습은 순조롭다는 거죠?

 어서 결과를 펼치자!

훈련 데이터만 보고 조정한데.

시험 데이터를 보여주면 짜고 하는 거지.

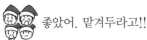 좋았어. 맡겨두라고!!

지금까지 해온 것처럼 결계를 펼치는 방식으로 붓꽃 식별을 위한 학습도 가능하다.
학습 횟수는 일단 1,000번으로 했다. 처음부터 학습 횟수를 길게 설정하면 결계 속에
서 난쟁이들이 오로지 작업에만 몰두해 버려서 결과를 볼 때까지 오랜 시간을 기다려
야 한다.

```
Chapter3.ipynb
(마법 주문: 결계 안에서의 최적화 과정)
T = 1000
for time in range(T):
  config.train = True
  optNN.target.zerograds()
  ytrain = model(xtrain)
  loss_train = F.softmax_cross_entropy(ytrain, ttrain)
  acc_train = F.accuracy(ytrain, ttrain)
  loss_train.backward()
  optNN.update()                                    (계속)
```

loss_train에는 **훈련 데이터에 대한 오차 함수**의 값을, acc_train에는 **훈련 데이터에 대한 성적**을 넣었다. loss_train.backward()에서는 훈련 데이터를 잘 식별할 수 있도록 **오차역전파법으로 개선점을 찾는다.** 이 학습 과정에서는 시험 데이터를 보여주지 않는다. 계속 결계 안에서 학습 성과가 기록되게 했다.

```
Chapter3.ipynb
(마법 주문: 학습 성과 기록하기)
(계속)
  config.train = False
  ytest = model(xtest)
  loss_test = F.softmax_cross_entropy(ytest, ttest)
  acc_test = F.accuracy(ytest, ttest)
  train_loss.append(loss_train.data)
  train_acc.append(acc_train.data)
  test_loss.append(loss_test.data)
  test_acc.append(acc_test.data)
```

config.train = False로 해서 테스트 모드로 전환한다.

이렇게 만들어진 결계 안에서 난쟁이들이 부지런히 반복해서 미세 조정을 하자, 차츰 마법 거울은 붓꽃 데이터를 학습해갔다.

 자, 붓꽃 식별이 잘 됐을까?

 성적! 성적!

 잘 됐으면 좋겠다!

 붓꽃 따윈 자~세히 보더라도 차이 같은 건 모를걸.

Chapter3.ipynb

(마법 주문: 학습 기록 표시하기)

```
Tall = len(train_loss)
plt.figure(figsize = (8, 6))
plt.plot(range(Tall), train_loss)
plt.plot(range(Tall), test_loss)
plt.title("loss function in training and test")
plt.xlabel("step")
plt.ylabel("loss function")
plt.xlim([0, Tall])
plt.ylim([0, 4])
plt.show()
```

magic!

유감스러운 결과를 목격했다. 우선 오차 함수가 개선되는 모습을 볼 수 없었다.

성적으로서 식별 정밀도를 계속 조사해 봤지만, 개선되는 모습이 전혀 보이지 않았다.

기록한 성적은 다음과 같은 마법의 언어를 써서 결과를 표시했다.

```
Chapter3.ipynb

(마법 주문: 성적 기록 표시하기)
plt.figure(figsize = (8, 6))
plt.plot(range(Tall), train_acc)
plt.plot(range(Tall), test_acc)
plt.title("accuracy in training and test")
plt.xlabel("step")
plt.ylabel("accuracy")
plt.xlim([0, Tall])
plt.ylim([0, 1.0])
plt.show()
```

magic!

 이게 뭐야! 고대 문명도 별거 아니네?

 실패야, 실패!

 전혀 안 통하네!

너, 너무해요! 그래도 열심히 노력했다고요!

 고대 문명은 여러 가지 데이터를 잔뜩 나열해서 그림으로 그리거나, 주판 대신 빠르게 계산하는 게 특기구나.

 장사하는 사람에겐 편리한 도구일지도 몰라.

 장사! 장사!

 잠깐! 한 번 더 결계에 들어가 줄 수 없어?

 예에엣~~~~~!!

 공주, 너도 봤잖아? 전혀 개선의 조짐이 없다니까.

 오차 함수가 내려가는 모습이 보이지 않아.

 한계! 한계!

 한 번만 더 결계 안으로. 우리도 처음 공부할 때는 이해가 잘 안 되는 것도 있잖아?

 그~ 그렇긴 하지.

 음, 그럼 한 번 더 해 볼까?

 아~ 또 하는 건가요! 고생하는 건 전데요?

부탁이야. 널 믿어!

 그, 그래요? 으음~

 할 수 있어! 할 수 있어!

 우리도 응원할게!

 결계를 펼치는 법에 있는 마법 주문은 Shift + Enter 를 동시에 누르면 for문에 의한 결계를 금방 다시 펼칠 수 있어. 모두 준비됐어?

 물론이지!

3-3 신경망이 깨어날 때

 결과는…?? matplotlib 신들에게 부탁했는데… 아아~

 역시 무리인가?

 안 돼! 안 돼!

 아까랑 똑같이 개선되는 모습이 보이지 않네.

 그러니까 단순히 숫자를 보기만 하는 걸! 이 문제는 너무 어려워요. 투덜투덜~

 저기 난쟁이들아!

 무슨 일이지?

 '경사법'이라는 학습 방법에 대해 물어보고 싶은데…

 우리가 아는 범위에서 알려주지.

 오차 함수가 내려가도록 별자리처럼 생긴 신경망을 조정하는 거지?

 그렇지, 그렇지. 오차 함수를 그래프로 그려 생각해 보면 이런 느낌일 거야.

기울기를 따라 아래로 내려가는 것이 경사법이야.

골짜기 바닥까지 갔는데 아직 안 되는 건가요?

 오차 함수의 기운 정도를 조사해서 내려가는 방향으로 개선해가는구나.

 그런 셈이지.

 기울기가 변하지 않으면 내려가는 쪽으로 변화할 수 없다는 말이야? 으음, 그러니까 골짜기 바닥에 있다는 말?

 뭐, 그럴 때도 있지.

 골짜기 바닥까지 갔다는 건 오차 함수가 제일 낮은 좋은 답에 도달했다는 거지?

 조금 전의 그래프는 조정할 가중치가 하나뿐인 상황이니까 바닥이 확실해. 하지만 신경망에는 조정할 가중치가 많아서 저렇게 확실하게 골짜기 바닥을 알 수 없어.

그럼 확실하지 않은 골짜기 바닥에 있는 거야? 그래도 그건 가장 좋은 답이 아닌가? 대체 어떻게 된 거지?

 아무래도 상관없지 않아? 고대 문명은 기계를 이용해서 장사를 잘했다고 하던데.

 잠깐! 여기까지 대단한 발견을 한 거니 좀 더 제대로 알아보자.

 어떻게 하고 싶은데? 공주는…

 T = 10000으로 해 보자!

 예에에에에에에에?!!

 아하, 결계의 유효 시간을 늘린다는 건가? 이야~ 공주도 사람 쓰는 게 제법 거칠다니까!

 난 아무리 생각해도 이게 고대 문명의 한계라고 여겨지지 않아. 분명히 뭔가 있을 거야.

조사 40일째

다음 날 결계가 풀린 마법 거울과 난쟁이들은 녹초가 된 모습이었다. 왜냐하면 상당히 오랜 시간 결계를 펼친 채 붓꽃 데이터와 사투를 벌여왔으니까.

다만 도중에 뭔가 변화가 있었던 것 같은 느낌이 든다.

그 변화를 정량적으로 평가하기 위해서 결과를 표시해 보기로 했다.

대, 대단해!

 이게 원래 실력이지.

 95점? 제법인데!

 됐다! 됐다!

 성장했다!!

 겨우… 겨우 요령을 알아냈어요. 붓꽃 데이터 분석법!

 마법 거울이 깨어났다! 슬럼프 탈출이야!

어느 순간 급격하게 성장했네.

 정말 뭔가 깨달았다는 느낌으로 잠에서 깨어났어. 제법인걸.

 그것 봐! 포기하면 그걸로 끝이잖아. 그런데 대체 어떻게 된 일이야? 오차 함수의 골짜기 바닥이 아니었다는 걸까?

 으음~ 그런 거겠지.

 결계 안에서 그대로 계속 학습을 시켰더니 개선된 거니까.

 개선됐어! 개선!

 마치 학교 공부를 하다가 갑자기 핵심을 파악했을 때처럼 지식을 흡수한 거네. 마법 거울이 스스로 말하는 것은 이 깨달음 덕분일지도 몰라.

 확실히 이 거울은 말도 하고, 완전히 우리 동료 같아.

 분명히 많은 언어를 학습했을 거야. 이 정도의 고대 문명이 가까운 곳에서 유적으로 발굴되다니. 이런 대단한 기술이 계승되지 못한 게 더 신기해.

 흐음~

 우리 선조들은 마법 거울 속으로 숨어버렸네.

 마법 거울에 숨어 있다가 무슨 일이 있을 때는 일하는 느낌이네.

 우리도 일하는 곳에서 그대로 살고 있으니까. 콤팩트한 사이즈이기도 하고.

어느 틈에 너희들도 이 집에 들어와서 숙식하며 일하고 있었네.

 엎혀사는 느낌인데. 미안해!

 백설공주의 노트 작성법

다 못 쓰겠어…

괄호(( )) 안에 잔뜩 말을 나열하는 경우가 많아져서 노트에 다 기록할 수가 없게 됐지.

```
Chain(l1 = L.Linear(N, 3), l2 = L.Linear(3, 3), l3 = L.Linear(3, C))
```

그래서 길이를 짧게 줄이려고 아래처럼 쓰기도 했어.

```
Chain(l1 = L.Linear(N, 3),
    l2 = L.Linear(3, 3), l3 = L.Linear(3, C))
```

줄을 바꾸지 않고 그대로 계속 써도 돼.
그대로 두든, 줄바꿈을 하든 마법 거울은 알아들으니까.

3-4 비선형 변환 때문에 뻑뻑해?

조사 43일째

이만한 기술이 고대 문명에 있었는데도 현대로 계승되지 못한 수수께끼는 여전히 남아있다. 계속 고문서를 해독해 보니 **'선형 변환과 비선형 변환을 반복해서, 이 세상의 모든 현상을 학습할 수 있을 것이다.'**라고 기술되면서 아쉽게도 일부 고문서는 끝났다. 몇 가지 다른 문헌을 조사해 보니 약간 시대가 지난 문헌에서는 별자리의 형태가 매우 복잡해졌고 선형 변환과 비선형 변환이 반복해서 등장했다.

 공주, 새로운 걸 알아냈다며?

 응, 사실은 똑같이 고문서라도 연대가 다른 것이 있었어. 고대인들은 더 복잡한 신경망을 내장해서 세상일에 통달한 마법 거울을 만들어내려고 했어.

 대단해! 대단해!

 하지만 그런 게 가능해?

 어떤 거?

 선조들이 마법 거울을 미세 조정하는 모습을 옆에서 지켜봤는데…

그거, 상당히 힘들어.

 뻑뻑해 보여! 뻑뻑해 보여!

 뻑뻑한 거 같아? 마법 거울 뒤에서 조절 레버를 작동할 때 말이지?

 좀처럼 성적이 오르지 않았던 건 그것 때문이야.

 움직이려고 해도 움직이지 않는 거지. 선조들이 상당히 무리해서 힘으로 움직였지만, 신경망이 복잡해지면 훨씬 힘들걸.

 녹슬었어! 녹슬었어!

 흠, 확실히 오래됐으니까 녹슬었을지도 몰라.

 그 녹 같은 것이 제거되면 좋을 텐데 말이야.

뻑뻑해서 움직이기 어렵다니 곤란하구나.

경사법이 잘 안 통할지도 몰라요.

그런가? 좀 더 청소를 하는 게 좋으려나? 참고할게.

실제로 마법 거울을 미세 조정하는 모습에서 미세 조정이 원활히 진행되지 않는다는 의혹이 발생했다. 결국 신경망 최적화가 제대로 달성되지 않았다는 말이다.

해결 방책을 찾아 고문서 해독을 진행해 본 결과, 어떤 시기부터는 특수한 비선형 변환이 이용되는 것을 발견했다. 이것은 **ReLU라는 비선형 변환**으로, Functions 신이 이용하는 마법이었는데, 이용 방법은 쉬웠다.

```
Chapter3.ipynb
(마법 주문: 3층 신경망의 함수화)
def model(x):
    h = NN.l1(x)
    h = F.relu(h)
    h = NN.l2(h)
    h = F.relu(h)
    y = NN.l3(h)
    return y
```

magic!

지금까지 이용하던 **F.sigmoid를 F.relu로 변경**만 하면 된다. 이 마법을 실제로 써서 다시 결계를 치고 붓꽃 데이터를 학습했다.

 오오! 어쩐지 녹이 떨어져나간 것처럼 움직이기 편한 걸! 좋아, 이러면 미세 조정도 쉽지. 어서 작업을 마치자고!

 공주가 청소를 열심히 했나?

후후후~ 복잡한 신경망을 이용할 때는 비선형 변환으로 ReLU를 사용하는 게 좋다는 기록을 찾았지. 말하자면 윤활유를 친 거야.

 기름! 기름!

 도대체 뭐가 달라진 거야?

 이렇게 윈활하게 움직일 수 있다는 것은 오차 함수가 내려가기 쉬워졌다는 거지.

 신경 쓰이던 건데, 신경망이 복잡해지면 마법 거울의 미세 조정도 복잡해지지?

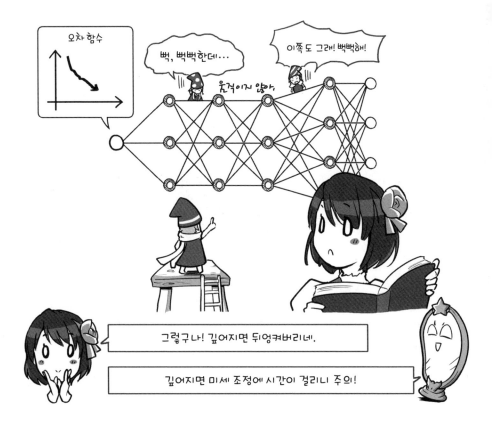

뭔가 뒤엉켜서 복잡해질 것 같아.

 걸려서 미세 조정이 잘 안 될 거 같아.

 그런가? 미세 조정이 어려워질 것 같은 상황이니까, 가능한 한 원활하게 움직이는 것을 이용하는 편이 좋겠어.

비선형 변환을 **F.sigmoid에서 F.relu로 교체해 비교적 짧은 시간에 미세 조정 작업을 마칠 수 있었다.** 식별 정밀도가 조기에 상승하는 좋은 성능을 보여주었고, 오차 함수가 내려가는 모습에서 기울기가 가파르게 바뀐 것도 엿볼 수 있다.

상황을 보니 오차 함수는 다음의 그림처럼 변화한 것으로 예상된다.

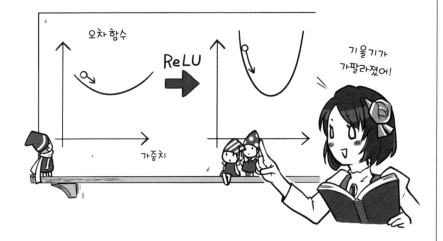

이 효과에 의해 마법 거울의 미세 조정을 효율적으로 할 수 있게 되었다. 분명히 고대인도 같은 고민을 안고 복잡한 신경망을 잘 활용하기 위해 비선형 변환을 연구했을 것이다.

고대 문명에서도 신경망의 미세 조정이 잘 되지 않던 시기가 있어서 여러 가지 시행착오를 했던 것 같아. 그러다가 새로운 아이디어로 신경망을 멋지게 최적화할 수 있게 된 거지.

 조상들의 뛰어난 지혜에는 감탄할 뿐이야.

 만약 그 난쟁이들이 너희 조상이라면 너희들에게 옛날부터 전해 내려오는 이야기에도 고대 문명과 관련된 힌트가 있을지 몰라.

 할아버지가 전해 준 건 무슨 말인지 모를 것뿐이던데?

 어떤 건데?

 그러니까 '곤란할 땐 말에서 내려라.'라는 말이었어.

 응?

3-5 학습의 정체기

조사 44일째

난쟁이들의 전승(문화, 풍속, 제도 등을 이어받아 계승함)에서 고대 문명의 단서를 찾기로 했다.

[곤란할 땐 말에서 내려라.]
이런 말이 전해진다고 한다. 이것은 신경망의 비밀과 어떤 관계가 있을까? 아직 모르겠다.

[모든 것을 가지지 말고 어쨌든 배워라.]
역시 난쟁이들과 고대 문명은 관련이 없는 것일까?

[어질러진 방에서 지성은 자라지 않는다.]
고대 문명과의 연관은 모르겠지만, 공감할 수 있는 구전(옛부터 전하여 내려옴)이다.

[튤립을 보면 일단 도망쳐라.]
궁금증은 더욱 깊어져만 간다.

[지성은 친구와 닮아라.]
그들은 확실히 동료와 함께 있다. 그런 생활 습관을 나타낸 것일까?

[거꾸로 해도 개구리는 개구리이다.]
단서가 될 만한 것이 전혀 없어 보인다.

다른 각도에서 찾아보기로 했다.

optimizer 신 등 다양한 신을 불러서 도움을 받고 있지만, 그 밖에 어떤 일을 부탁할 수 있는지를 신에게 물어볼 수 있는 것 같다.

신의 일원을 **모듈**, 그들이 협력해 주는 방법을 **메소드**라고 부른다.

서둘러 optimizer 신은 어떤 방법으로 신경망 최적화에 도움을 주는지 알아보기로 했다.

> (마법 주문: 메소드 조사하기)
> `dir(Opt)`

이 마법 주문을 썼더니 다양한 메소드가 있었다. 예를 들어, 표시된 목록 중에는 'SGD'가 있어서 경사법의 실행을 도와준다는 사실과 대응한다. 하지만 놀라운 것은 그 밖에도 다양한 최적화 기법이 존재한다는 사실이 판명되었다는 것이다.

 미세 조정 방법에도 여러 가지가 있구나.

 MomentumSGD나 AdaGrad 등 매우 다양해.

 그걸 사용하면 학습이 잘 진행될까?

 시험해 보자! 시험해 보자!

지금까지도 경사법을 이용했지만, 경사법을 실행하는 데도 다양한 방법이 있었다. **MomentumSGD**는 미세 조정을 할 때 **기세를 고려**하므로 '**모멘텀**'이라고 한다. 이것은 지금까지 미세 조정에서 참고한 기울기를 이용하며, 오차 함수가 평탄해서 진행 방향을 알기 어려운 경우라도 그때까지 진행한 기세를 조금 남기는 것이 특징이다.

설정 방법은 간단해서 SGD 대신 MomentumSGD라고 지정하면 된다. 다시 신경망을 만들고 결계를 펼친 후 마찬가지로 한동안 집중해서 효과를 확인했다.

 이얍! 으라차!

 히익! 너무 난폭하게 하지 말아요!!

 기세가 좋아서 순식간에 끝날 거 같아!

MomentumSGD는 기세가 있어서 좋네!

너무 난폭하게 다루지 말아주요.

어때 우리 실력이!!!

 흑흑~ 이제 충분하지요!

 역시 그렇구나. 모멘텀에서는 관성이 붙어서 어느 정도 빠르게 학습을 마칠 수 있어.

 응, 오차 함수가 비교적 빠르게 내려가네.

 이 부근에 비결이 있을 거 같아.

경사법 안에서도 다른 방법을 채용하면 개선된다는 점에서 좀 더 고찰해 보기로 했다. 붓꽃 식별의 경우 몇 차례 실험에 따르면 오차 함수 및 식별 정밀도에서 2단계의 변화가 보이는 것으로 드러났다.

즉 정밀도가 올라가는 게 멈췄다고 생각했지만, 그대로 학습을 계속하니 다시 정밀도가 높아지기 시작하는 타이밍이 있다. 이건 한 번 계곡 바닥에 떨어진 것처럼 보였다가 다시 한번 오차 함수의 다른 계곡 바닥에 가라앉았다는 말인가?

다른 골짜기 바닥에 떨어지기 전에는 **학습의 정체기**가 존재하는 것 같은데, 우리는 이것을 '**플래토**'라고 부르기로 했다.

 왜 그런 정체기 같은 게 존재하는 거지?

 슬럼프! 슬럼프!

 다음 그림처럼 골짜기가 2단계에 걸쳐 존재하는 거지?

 정체기를 빠져나가려면 힘껏 기세 좋게 벗어나는 편이 좋으니까, 모멘트 경사법이 좋다는 것도 이해해. 다른 방법으로는 '**적응형 경사법**'이라는 것이 있어.

적응형 경사법에는 AdaGrad( ), AdaDelta( ), Adam( ) 등 몇 가지가 있다.

그중 **Adam**은 적응형 경사법 중에서도 운동량을 고려해 **적응형 모멘트 경사법 (Adaptive momentum)**으로 부르는데, 양호한 성능을 기대할 수 있을 것 같아 채용했다.

Chapter3.ipynb 변경하기(Adam으로 이행)

(마법 주문: 최적화 방법 설정하기)

```
optNN = Opt.Adam()
optNN.setup(NN)
```

적응형 경사법에서는 **기울기의 크기가 작아지면 기울기에 따라 조정할 크기를 키워서** 대담하게 갱신한 후 학습 정체기를 빠져나가려고 한다. 경사가 급한 비탈길이 평탄해지면 큰 보폭으로 걸을 수 있는 것과 같다. 이로써 붓꽃 식별에 관해 고속으로 신경망 최적화를 마칠 수 있다.

쉽게 학습을 마칠 수 있네!

 쉽네! 쉬워!

 이렇게 금방 할 수 있는 거면 여러 가지 데이터를 학습시켜 보고 싶어.

 optimizer 신의 힘이 대단하구나!

조사 60일째

오차 함수의 형태는 신경망을 최적화할 때 변화하는데, **여러 난쟁이가 뒤엉켜 조정**하는 모습에서 판명된 사실이 있다.

어떤 한 방향에서 움직이고 있으면 바닥인 것처럼 보여도 다른 방향에서는 바닥이 아닌 형태가 존재한다. 즉 '**안장점**'이라고 부르는 형태로, 말 안장 모양을 상상하면 된다. 어느 방향에서도 바닥으로 보일 때는 개선의 여지가 없다. **하지만 한 방향으로만 다른 골짜기 바닥으로 가는 길이 열려 있는 경우는 그렇지 않다.** 그래서 이렇게 특별한 방향을 재빨리 찾아내는 것이 학습의 성공 비결이다.

오차 함수

안장점

난쟁이 1 담당

난쟁이 2 담당

다른 골짜기 바닥으로

바닥인가?

이쪽이야—!

빠르게 안장점을 벗어나는 방법이 중요해요.

그게 '곤란할 때는 말에서 내려라!'구나.

[곤란할 때는 말에서 내려라.]
학습의 정체기를 벗어나려면 안정점에서 빠져나가는 것이 중요하다.
난쟁이들의 전승은 이걸 나타낸 게 아닐까? 그렇다면 난쟁이들의 전승은 고대 문명과
의 연관성을 조사할 때 중요한 정보가 될 수 있다.

왕비님의 학습 노트 **3**

붓꽃의 식별

---

scikit-learn 선언하기

ln[1]:
```
import numpy as np
import matplotlib.pyplot as plt
import sklearn.datasets as ds
```

 import sklearn에서 화를 내면 pip install scikit-learn이 필요하지?

 도중에 scipy가 없어도 화를 내니까 pip install scipy도 같이 해 둬야 해요.

붓꽃 데이터셋 불러오기

ln[2]:
```
Iris = ds.load_iris()
xdata = Iris.data.astype(np.float32)
tdata = Iris.data.astype(np.int32)
```

 astype(np.float32)라고 하는 건 잊지 않도록!

 chainer에서 이용하는 숫자형이므로 주의하세요.

숫자 배열의 형태 체크하기

ln[3]:
```
D,N = xdata.shape
```

 문자에 대입해 두면 다른 데이터에서도 같은 방식으로 쓸 수 있으니 편리하네.

한 곳에서만 쓸 수 있는 방식은 가능한 한 피하는 게 좋지요.

훈련 데이터와 시험 데이터

```
ln[4]:  Dtrain = D//2
        index = np.random.permutation(range(D))
        xtrain = xdata[index[0:Dtrain], :]
        ttrain = tdata[index[0:Dtrain]]
        xtest = xdata[index[Dtrain:D], :]
        ttest = tdata[index[Dtrain:D]]
```

 데이터를 둘로 나눠 훈련용과 테스트용으로 사용하자.

 테스트를 할 때 본 적 있는 문제가 있으면 점수가 올라가니까요.

chainer 선언하기

```
ln[5]:  import chainer.optimizers as Opt
        import chainer.functions as F
        import chainer.links as L
        from chainer import Variable, Chain, config
```

 기본적으로 이 네 개는 반드시 import하지.

 chainer의 편리한 기능을 사용할 수 있어요!

3층 신경망 호출하기

```
ln[6]:  C = np.max(tdata)+1
```

```
NN = Chain(l1 = L.Linear(N, 3),
           l2 = L.Linear(3, 3), l3 = L.Linear(3, C))
```

 이런 식으로 몇 층이라도 가능해!

 다양하게 놀다 보면 꼭 깊다고 좋은 게 아니라는 걸 알 수 있어요.

3층 신경망의 함수화하기

ln[7]:
```
def model(x):
    h = NN.l1(x)
    h = F.relu(h)
    h = NN.l2(h)
    h = F.relu(h)
    y = NN.l3(h)
    return y
```

 비선형 변환에는 F.relu를 이용하면 되는 거지?

 기울기 값이 작아지지 않아서 최적화하기 쉬워져요.

최적화 방법 설정하기

ln[8]:
```
optNN = Opt.Adam()
optNN.setup(NN)
```

 Adam으로 하면 최적화가 빨리 끝나는 것 같아.

 MomentumSGD나 AdaDelta 등도 시험해 보세요.

학습 기록을 남길 장소 준비하기

ln[9]:
```
train_loss = []
train_acc = []
test_loss = []
test_acc = []
```

 훈련 데이터용과 시험 데이터용으로 기록할 부분을 나눠야 하겠지?

 오차가 잘 내려가지 않으면 돌아와서 확인하자고요!

결계 안에서의 최적화 과정

ln[10]:
```
T = 1000
for time in range(T):
    config.train = True
    optNN.target.zerograds()
    ytrain = model(xtrain)
    loss_train = F.softmax_ross_entropy(ytrain, ttrain)
    acc_train = F.accuracy(ytrain, ttrain)
    loss_train.backward()
    optNN.update()                                    (계속)
```

 optNN.target.zerograds( )로 기울기 전체를 0으로 초기화하는 건 꼭 기억해야 해.

 optNN.target.cleargrads( )로도 상관없어요. 이쪽은 기록에서 기울기를 제거한답니다.

학습 기록하기

```
(계속)
  config.train = False
  ytest = model(xtest)
  loss_test = F.softmax_cross_entropy(ytest, ttest)
  acc_test = F.accuracy(ytest, ttest)
  train_loss.append(loss_train.data)
  train_acc.append(acc_train.data)
  test_loss.append(loss_test.data)
  test_acc.append(acc_test.data)
```

 이쪽 loss_test는 backward()를 하지 않네?

 그렇게 해 버리면 학습 도중인 신경망에 테스트 문제를 알려주게 돼요!

학습 기록 표시하기

ln[11]:
```
Tall = len(train_loss)
plt.figure(figsize = (8, 6))
plt.plot(range(Tall), train_loss)
plt.plot(range(Tall), test_loss)
plt.title("loss function in training and test")
plt.xlabel("step")
plt.ylabel("loss function")
plt.xlim([0, Tall])
plt.ylim([0, 4])
plt.show()
```

 plt.show()를 기술하기 전까지는 복수의 그래프를 겹쳐서 쓸 수 있어.

 먼저 그려진 쪽이 파란색, 나중에 그려진 쪽이 주황색이 되지요.

성적 기록 표시하기

```
ln[12]:  plt.figure(figsize = (8, 6))
         plt.plot(range(Tall), train_acc)
         plt.plot(range(Tall), test_acc)
         plt.title("accuracy in training and test")
         plt.xlabel("step")
         plt.ylabel("accuracy")
         plt.xlim([0, Tall])
         plt.ylim([0, 1.0])
         plt.show()
```

 오차 정밀도는 0%가 0, 100%가 1.0이니까 [0, 1.0]이면 되네.

 아무것도 안 나올 때는 여기서 조정해 보면 될 거예요.

백설공주의 발견

복수의 값을 받을 때 아래처럼 썼잖아.

```
D, N = xdata.shape
```

그런데 이렇게 써도 되는 것 같아.

```
temp = xdata.shape
```

이때는 temp[0], temp[1]로 각각의 값을 꺼낼 수 있어.

제 4 장

이미지 데이터의 학습

말하고 싶어진 왕비님

4-1 손글씨 인식하기

고대 문명으로 여겨지는 유적. 그곳에 묻혀 있던 마법 거울.

파이썬이라는 언어를 구사하고, 마법 거울을 통해 신들의 힘의 빌렸던 고대인.

난쟁이들도 마법 거울의 미세 조정에 크게 활약했던 것 같습니다.

마법 거울은 머신러닝이라는 기술로 세상에서 일어나는 수많은 일을 학습해서 점점 더 똑똑해졌습니다. 잇달아 놀라운 발견의 연속이네요.

오늘도 마법 거울에 새로운 것을 학습시켰습니다.

조사 44일째

마법 거울이 글자를 읽을 수 있게 되었다.

여기에 사용한 기술은 **손글씨 인식**이라고 해서 사람이 손으로 쓴 글씨를 바르게 인식하는 기술이다. 참고로 손글씨 데이터셋은 scikit-learn의 여러 신 중 하나인 datasets 신께서 내려주셨다.

데이터셋을 불러오는 방법은 붓꽃 데이터를 불러올 때와 같다. 우선은 이제 친숙해진 신들을 호출하는 부분부터 시작한다. 이제 신의 이름을 생략해서 부르는 데도 거부감이 없어졌다.

Chapter4-MNIST.ipynb

(마법 주문: 모듈 불러오기)

```
import numpy as np
import matplotlib.pyplot as plt
import sklearn.datasets as ds
```

이어서 MNIST라는 손글씨 데이터셋을 호출한다.

```
Chapter4-MNIST.ipynb
```

(마법 주문: MNIST 데이터 읽어들이기)
```
MNIST = ds.load_digits()
xdata = MNIST.data.astype(np.float32)
tdata = MNIST.target.astype(np.int32)
```

여기서 **ds.load_digits( )**라는 부분이 붓꽃 데이터를 읽어들일 때와 달라진 부분이
다. digits, 즉 **10개의 숫자를 다룰 수 있다.** 그러면 누구의 손글씨를 수집한 걸까?
datasets 신도 굉장한 악취미를 가지고 있다.
시험 삼아 데이터의 크기를 조사해 보았다.

```
Chapter4-MNIST.ipynb
```

(마법 주문: 숫자 배열형 확인 및 표시하기)
```
D,N = xdata.shape
print(D, N)
```

조사한 결과, 모두 D = 1797개의 데이터가 있고, 하나하나의 데이터가 N = 64개의
숫자로 구성된다는 것을 알았다. 손글씨 데이터, 그것도 10개의 숫자 데이터가 64개
의 숫자로 구성된다는 말은 무슨 의미일까?
다음 마법 주문으로 마법 거울의 비밀과 관련된 고대 문명의 기술이 밝혀졌다.

```
Chapter4-MNIST.ipynb
```

(마법 주문: 이미지 데이터 표시하기)
```
plt.imshow(xdata[0, :].reshape(8, 8))
plt.show()
```

pyplot 신에게 부탁해서 우리가 불러낸 손글씨 데이터를 표시했다.
xdata[0,:]으로 첫 번째 데이터를 표시하기로 했다. **.reshape(8, 8)을 붙이면 가로
8×세로 8의 데이터로 형태를 바꿀 수 있다.**

 가로 세로 8개의 칸에 색을 나열하니 색이 모두 다르네.

 대체 이게 뭐지?

 아, 아마 여러분은 좀 떨어져서 보는 게 좋을 거예요.

 아! 보인다! 숫자 0이야!

 제로! 제로!

 정말이네!

이 한 칸 한 칸을 '픽셀'이라고 해요. 각 픽셀이 가진 수치에 따라 색이나 밝기를 조정해서 한 장의 그림으로 만들지요.

 픽셀이 커서 잘 몰라봤지만, 멀리서 보니 작아져서 그림으로 보이네.

 이렇게 픽셀이 크다니, 고대인들은 다 노안인가?

 옛날 사람들은 힘들었겠다.

 픽셀이 좀 더 작은 데이터도 있을까?

 글쎄요. datasets 신이 제공하는 MNIST는 8×8로 좀 거칠어요.

 이미지도 픽셀이라는 칸으로 생각하니 수치로 표현된 데이터로 다룰 수 있네.

(마법 주문: 라벨 표시하기)
```
print(tdata)
```

0에서 9까지 숫자가 나열되므로 10개의 숫자가 저장된 모습을 볼 수 있다. 그리고 훈련 데이터와 시험 데이터를 분할하는 마법 주문을 만들었다. **def를 이용해서 다음과 같이 정의했다.**

Chapter4-MNIST.ipynb

(마법 주문: 데이터 분할 함수)
```
def data_divide(Dtrain, D, xdata, tdata):
    index = np.random.permutation(range(D))
    xtrain = xdata[index[0:Dtrain], :]
```

```
ttrain = tdata[index[0:Dtrain]]
xtest = xdata[index[Dtrain:D], :]
ttest = tdata[index[Dtrain:D]]
return xtrain, ttrain, xtest, ttest
```

직접 정의한 마법에는 **인수**를 지정해서 함수에서 이용할 데이터나 수치를 여러 개 준비할 수 있다. 마법 주문의 이름 뒤에 있는 괄호(( )) 안에 인수를 나열한다. 이것에 대한 결과로서 출력될 **반환값**은 **return**의 뒤에 지정하고, 마법을 발동한 후에는 어떠한 결말을 맞이할지 제어할 수 있다.

 신경망을 이용해 def model(x)를 만들었을 때 왠지 모르게 이런 게 가능할 것 같았어.

 공주도 훌륭한 마법사군.

 마법사야! 마법사!

 Python 신들은 사람에게도 이렇게 선뜻 마법의 힘을 빌려주네.

우리도 Python 신들의 힘을 빌려 자유롭게 마법의 힘, 그리고 마법의 주문을 만들 수 있다.
서둘러 이를 이용해 '훈련 데이터'와 '시험 데이터'로 나눴다.

Chapter4-MNIST.ipynb

(마법 주문: 데이터 분할 자작 함수 이용하기)
```
Dtrain = D//2
xtrain, ttrain, xtest, ttest = data_divide(Dtrain, D, xdata, tdata)
```

붓꽃 식별과 마찬가지로 약 절반의 데이터를 훈련 데이터로 하려고 Dtrain = D//2로 지정했다. 그리고 data_divide(Dtrain,D,xdata,tdata)를 이용해 지정된 반환값, xtrain,ttrain,xtest,ttest를 얻을 수 있도록 지정했다.

다음으로 신경망을 마법 거울에 집어넣는 작업으로 넘어갔다. 여러 번 시행착오를 하고 나니 마법 거울 조작에도 익숙해졌다. 우선 chainer의 신들 중 optimizers 신, functions 신, links 신을 호출했다. Variable이나 Chain 등 신경망을 내장할 때 편리한 클래스를 함께 도입하는 것도 꼭 기억해야 한다.

Chapter4-MNIST.ipynb

(마법 주문: chainer 선언하기)
```
import chainer.optimizers as Opt
import chainer.functions as F
import chainer.links as L
from chainer import Variable, Chain, config
```

다음으로 내장하기로 한 신경망은 다음과 같이 설정했다. 여기서 중간 별의 수는 20개로 했다.

Chapter4-MNIST.ipynb

(마법 주문: 2층 신경망 호출하기)
```
C = tdata.max()+1
NN = Chain(l1 = L.Linear(N, 20), l2 = L.Linear(20, C))
```

---

tdata.max()로도 최댓값을 추출할 수 있다. tdata 안에는 0부터 9까지의 숫자가 들어 있으므로 결과적으로 C = 10이 된다. 열 개의 손글씨를 식별한다는 목적에 자동으로 들어맞게 했다.

(마법 주문: 2층 신경망 함수화하기)

```
def model(x):
    h = NN.l1(x)
    h = F.relu(h)
    y = NN.l2(h)
    return y
```

도중에 끼워 넣은 비선형 변환은 functions 신께 부탁해 F.relu를 이용하기로 했다. 덧붙여서 도중에 모습을 알고 싶을 때는 return y뿐만 아니라 return y, h로 하면 모습을 출력할 수 있다.

(마법 주문: 최적화 방법 설정하기)

```
optNN = Opt.MomentumSGD()
optNN.setup(NN)
```

이번에는 **모멘트 경사법**을 채용해 보았다. **Opt.Adam으로 하면 적응형 모멘트 경사법**을 이용할 수 있다.

(마법 주문: 학습 기록을 남길 장소 준비하기)

```
train_loss = []
train_acc = []
test_loss = []
test_acc = []
```

결계를 펼치는 방법은 지금까지의 방법과 같다.

(마법 주문: 결계 안에서의 최적화 과정과 학습 성과 기록하기)

```
T = 200

for time in range(T):
  config.train = True
  optNN.target.zerograds()
  ytrain = model(xtrain)
  loss_train = F.softmax_cross_entropy(ytrain, ttrain)
  acc_train = F.accuracy(ytrain, ttrain)
  loss_train.backward()
  optNN.update()

  config.train = False
  ytest = model(xtest)
  loss_test = F.softmax_cross_entropy(ytest, ttest)
  acc_test = F.accuracy(ytest, ttest)
  train_loss.append(loss_train.data)
  train_acc.append(acc_train.data)
  test_loss.append(loss_test.data)
  test_acc.append(acc_test.data)
```

결과 출력 방법은 이전과 완전히 동일하므로 간략히 하기 위해 다음과 같은 자작 마법을 정의했다.

(마법 주문: 두 개의 결과를 나란히 그리는 자작 함수)

```
def plot_result2(result1, result2, title, xlabel, ylabel,
                 ymin = 0.0, ymax = 1.0):
  Tall = len(result1)
```

```
plt.figure(figsize = (8, 6))
plt.plot(range(Tall), result1)
plt.plot(range(Tall), result2)
plt.title(title)
plt.xlabel(xlabel)
plt.ylabel(ylabel)
plt.xlim([0, Tall])
plt.ylim([ymin, ymax])
plt.show()
```

result1과 result2를 연계해 표시하는 마법 주문을 만들어 보았는데, title, xlabel, ylabel에 자유롭게 이름을 넣을 수 있다.

또한 ymin = 0.0, ymax = 1.0으로 인수 부분에 **기본값을 설정**했다. 여기 인수에 아무 것도 넣지 않는 경우는 0.0~1.0 사이에서 결과를 표시한다. 하지만 이 마법을 이용할 때 인수에 직접 다시 수치를 넣으면 자신이 지정한 범위에서 결과를 표시하도록 바뀐다. 이 자작 마법을 이용해 다음과 같이 결과를 표시했다.

Chapter4-MNIST.ipynb

(마법 주문: 학습 기록과 성적 기록 표시하기)
```
plot_result2(train_loss,test_loss, "loss function", "step",
             "loss function", 0.0,4.0)
plot_result2(train_acc, test_acc, "accuracy", "step", "accuracy")
```

오차 함수에 대해서 ymin에는 0.0, ymax에는 4.0을 넣었다. 오차정밀도는 기본값인 0.0~1.0 사이에서 결과를 표시하고 싶으므로 ymin과 ymax에 해당하는 부분에는 아무것도 넣지 않았다. 그렇게 하니 원하는 대로 결과가 표시되었다.

굉장해! 95%! 손글씨도 읽을 수 있구나. 이 마법 거울은!

 문자 형태도 이미지 데이터로서 수치로 입력하면 머신러닝으로 인식할 수 있게 되는 거구나.

 더 큰 이미지를 사용한 학습도 해 보고 싶네. chainer의 신들이 관리하는 거 같아.

scikit-learn의 신들뿐만 아니라 chainer의 신 중에도 척척박사, datasets 신이 필요하다. 머신러닝에 사용되던 몇 가지 데이터셋을 호출할 수 있는 것 같다.

datasets 신은 멀리 떨어진 지식의 샘에서 지정된 데이터셋을 마법 거울로 보낼 수 있다. 지식의 샘이 있는 곳에 고대 문명의 정수가 있을 것 같지만, 지식의 샘이 어디에 있는지 전혀 알 수 없다.

import sklearn.datasets as ds 대신 chainer의 신에 속한 datasets 신을 불러내기로 한다.

여기서 데이터를 호출하려면 조금 색다른 마법이 필요하다.

ds.get_mnist( )로 datasets 신께 부탁해 **MNIST의 데이터**를 가져온다. 처음에는 마법 거울에 계속 기록하느라 마법 거울이 눈을 감는 시간이 좀 있었지만, 그 이후에는 순식간에 호출하니 근처 마법 거울 안쪽의 어딘가에 기록되어 있을 수도 있다. 하지만 책이 우르르 눈 앞에 나타나는 것은 아니어서 실감이 나지는 않는다. 고대 문명에서는 지식을 눈에 보이지 않는 어딘가에 남겨둘 수 있는 것 같다. 그리고 이전처럼 데이터의 형태를 조사해 보면 확실히 마법 거울 안에는 존재하는 것 같다.

 지식의 샘? 정말 그런 게 있을까? 전혀 실감이 안 나는데.

 이런 마법 주문 하나로 다 기억할 수 있다고? 생각해 낼 수 있다고? 엄청 편리하겠다.

 편리해! 편리해!

실감은 안 나지만, 마법 거울 안에는 들어간 거지?

 아~ 아마도.

 예, 확실하게 새겨졌어요! 인간도 똑같지 않나요? 눈에는 보이지 않지만, 머릿속 어딘가에 기록되어 있잖아요!

 그긴 그~ 그런데 음…

---

datasets 신으로부터 받은 데이터는 **훈련용 데이터 train**과 **시험용 데이터 test**로 원래 나뉘어져 있다. 이들 데이터에는 입력으로 이용되는 이미지 데이터 xtrain, xtest와 출력의 참고가 되는 ttrain, ttest 양쪽이 통합되어 있다. **chainer의 신의 일원인 convert 신**이 그 데이터를 나누어 준다고 고문서에는 쓰여 있다.

```
Chapter4-MNIST.ipynb

(마법 주문: 입력과 라벨 추출하기)
import chainer.dataset.convert as con
xtrain, ttrain = con.concat_examples(train)
xtest, ttest = con.concat_examples(test)
```

convert 신을 con으로 줄여 부르기로 했다. 이 convert 신, 아니 con 신에게 부탁해 **concat_examples 마법으로 데이터를 나눌** 수 있다.

마법으로 데이터를 나눈 결과, xtrain, ttrain과 xtest, ttest처럼 지금까지 준비해 온 형태의 데이터가 만들어져서 이용하기 쉽다.

시험 삼아 해 볼까? 우리는 훈련 데이터와 시험 데이터로 나뉜 것을 가지고 있으니까 xtrain을 살펴보자. 그 형태에서 Dtrain과 N을 추출해 보는 거야. 이 MNIST의 크기는 어느 정도지?

 크기는 28×28이네요. 그러니까 N은 784일 거예요.

 그럼 reshape(28,28)이라고 해야겠네.

Chapter4-MNIST.ipynb

(마법 주문: 데이터 형태와 MNIST original의 한 예 표시하기)

```
Dtrain, N = xtrain.shape
print(Dtrain, N)
plt.imshow(xtrain[0, :].reshape(28, 28))
plt.show()
```

우와! 대단하네.

 예쁘다! 예쁘다!

 28×28픽셀의 이미지 표시라서 아까보다 선명하고 세밀하네.

 픽셀 수가 많을수록 선명한 이미지가 되는 것 같아. 그 대신 신경망에서 다루는 데이터의 크기도 커지는구나.

 마법 거울의 미세 조정도 힘들어질 것 같아.

 큰일이다! 큰일이다!

 뭔가 좋은 방법을 생각할 필요가 있을 거 같아.

예상은 적중했다.

그대로 신경망을 마법 거울에 넣고 식별하려고 시도했지만, 학습이 잘 진행되지 않는다. 신경망이 복잡해져서 이쪽을 조정하면 저쪽이 어긋나는 등 다른 곳에 영향을 미치기 때문이다. 계속 고문서를 해독해 보니 **도중에 결과를 정리 정돈하면서 학습시키는 '배치 정규화'**라는 기술이 있다는 것을 발견했다.

Chapter4-MNIST.ipynb(배치 정규화 도입)

(마법 주문: 2층 신경망을 호출해 함수화하기)

```
C = ttrain.max()+1

NN = Chain(l1 = L.Linear(N, 400), l2 = L.Linear(400, C),
           bnorm1 = L.BatchNormalization(400))
```

```
def model(x):
    h = NN.l1(x)
    h = NN.bnorm1(h)
    h = F.relu(h)
    y = NN.l2(h)
    return y
```

대부분 지금까지의 신경망 설정과 같지만, 처음에 tdata가 존재하지 않으므로 그 대신 ttrain에서 최댓값을 추출하여 C = 10이 되도록 사양을 변경했다. 그리고 도중에 **bnorm1 = L.BatchNormalization(400)**이라고 되어 있다. 이 부분이 신경망에 **배치 정규화**를 도입하는 방법이다.

신경망에도 선형 변환, 비선형 변환 이외에 다양한 조작이 존재하는데, 그중 하나가 배치 정규화다. 다양한 데이터를 연속으로 여러 번 변환하게 되므로 도중에 결과를 정리 정돈하는 역할을 하고, 이로써 **학습의 안정화**가 이루어진다. 소괄호(( )) 안의 숫자는 중간 결과가 몇 개나 준비되는가에 따라 변경한다. 이번 예에서 우리가 만든 신경망은 N = 784에서 400으로 좁혀지고, 최종적으로 C = 10개를 식별하게 되므로 400으로 설정했다.

이용 방법은 신경망을 집어넣을 때 **h = NN.bnorm1(h)**라고 기술하면 된다. 고작 이 정도만으로도 극적으로 성능이 향상되었다. 결계를 펼치는 방법 등은 지금까지와 완전히 같으므로 우리는 다음과 같은 마법을 정의했다.

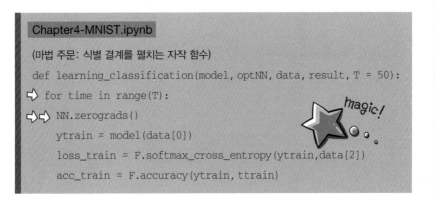

Chapter4-MNIST.ipynb

(마법 주문: 식별 결계를 펼치는 자작 함수)
```
def learning_classification(model, optNN, data, result, T = 50):
    for time in range(T):
        NN.zerograds()
        ytrain = model(data[0])
        loss_train = F.softmax_cross_entropy(ytrain,data[2])
        acc_train = F.accuracy(ytrain, ttrain)
```

```
⇨⇨ loss_train.backward()
   optNN.update()

   ytest = model(data[1])
   loss_test = F.softmax_cross_entropy(ytest, data[3])
   acc_test = F.accuracy(ytest, ttest)
   result[0].append(loss_train.data)
   result[1].append(loss_test.data)
   result[2].append(acc_train.data)
   result[3].append(acc_test.data)
```

인수로서 data와 result를 준비했다.

이곳에는 **data = [xtrain, xtest, ttrain, ttest]**라고 해서 훈련 데이터와 시험 데이터가 함께 들어있는 것을 상정했다. 대괄호([ ])로 감싸면 리스트가 되어 복수의 데이터를 모아서 다룰 수 있다. data[0]이라고 하면 xtrain이, data[1]이라고 하면 xtest가 대입된다.

결계 안에서 xtrain은 data[0]으로, xtest는 data[1]로 치환해 지금까지 작성한 코드를 수정한다. 또한 **result = [train_loss, test_lost, train_acc, test_acc]**로 해서 학습 기록을 나열한 결과를 묶어서 다룬다.

T = 10이라는 인수는 기본으로 10회 학습하도록 설정하는 것이다.

config.train = True, config.train = False의 전환은 **배치 정규화를 도입할 때 중요**하다. 배치 정규화를 비롯해 몇 가지 마법은 그대로 이용하면 훈련 데이터를 이용할 때와 시험 데이터를 이용할 때 결과가 다르기 때문이다. 이 둘이 섞이지 않게 하려고 config.train으로 명확히 지시해야 한다.

우리가 독자적으로 개발한 마법을 이용하려면 사전에 다음과 같이 데이터와 학습 기록을 남길 장소를 준비해야 한다.

Chapter4-MNIST.ipynb

(마법 주문: 최적화 기법 설정하기)

```
optNN = Opt.MomentumSGD()
optNN.setup(NN)
```

(마법 주문: 데이터와 학습 기록을 남길 장소 준비하기)

```
train_loss = []
train_acc = []
test_loss = []
test_acc = []
data = [xtrain, xtest, ttrain, ttest]
result = [train_loss, test_loss, train_acc, test_acc]
```

준비를 마쳤으면 아래처럼 결계를 펼친다.

Chapter4-MNIST.ipynb

(마법 주문: 최적화 기법 설정하기)

```
learning_classification(model, optNN, data, result)
```

만약 학습을 길게 또는 짧게 설정하고 싶으면 수치를 끝에 더한다. 예를 들어, 100회 학습한다면 다음과 같이 지정한다.

```
learning_process_classification(model, optNN, data, result, 100)
```

이렇게 하면 신경망과 데이터를 제공하는 것만으로도 자동 식별할 수 있게 된다. 이후 에 다양한 데이터를 식별하는 태스크에서 이번에 만든 함수가 매우 유용할 것이다. 결과를 표시할 경우에는 다음과 같이 직접 만든 마법을 이용한다.

Chapter4-MNIST.ipynb

(마법 주문: 자작 함수 이용해 결과 표시하기)

```
plot_result2(result[0], result[1], "loss function", "step",
            "loss function", 0.0, 4.0)
plot_result2(result[2], result[3], "accuracy", "step", "accuracy")
```

 배치 정규화 기술을 사용하면 매끄럽게 오차 함수가 내려가고 식별 정밀도도 착실하게 향상되네.

 그걸 사용하지 않고 학습을 했을 땐 좀처럼 식별 정밀도가 오르지 않았는데 말이야.

 편리해! 편리해!

신경망을 자꾸 복잡하게 만들어 가는 것보다 이런 방법으로 확 개선하는 편이 좋을 때도 있구나.

 정리 정돈하면서 데이터를 학습한다~ 혹시 이게 '**어질러진 방에서 지성은 자라지 않는다.**'는 말일까?

 할아버지가 늘 하시던 말씀이구나. 방 좀 치우라고 자주 시키셨지.

 정리해! 정리해!

 정말 배치 정규화를 말한 거였을까?

 설마~~

이런 기술은 고대 문명에서도 활발히 연구되었던 것 같다. 당시 최신 연구 성과에서는 **배치 재정규화(batch renormalization)**가 제안된 것 같다. 이용되는 훈련 데이터 수가 작거나 비슷한 데이터를 학습할 경우에 배치 정규화(batch normalization)보다 성능이 좋다고 한다.

chainer의 신의 힘 중에서도 새로운 것으로 분류되므로 version4 이상이 아니면 이용할 수 없는 것 같다. 하지만 이렇게 수정하기만 하면 구현하기는 쉽다.

```
(마법 주문: 배치 재정규화하기)
bnorm1 = BatchNormalization(400)
```
 수정
```
bnorm1 = BatchRenormalization(400)
```

앞으로 어떻게 이용할지 검토해 보고 싶다.

4-2 현대의 난쟁이들

 조상님들이 마법 거울을 미세 조정해서~ 뭐더라? 그 신경 뭐라는 걸 잘 조작했다는 건 대단하네.

 어쩌면 너희늘도 신경망을 최적화할 수 있을지 몰라.

 하고 싶어! 하고 싶어!

 설마~ 우린 마법 거울을 사용하지 못하는 걸.

 난쟁이들 자신이 마법을 다루는 건 아니야. 신의 힘을 빌리기 위한 마법 주문만 있으면 마법을 다루는 건 누구나 할 수 있어. 나머지는 마법 거울을 미세 조정할 때 일손이 많으면 좋지 않을까?

 으으음~ 정말이야?

 조금 알아봤는데 마법 거울 미세 조정에는 동료의 힘을 빌릴 수 있는 것 같아.

 동료라는 건 우릴 말하는 건가?

 너희들은 그림을 잘 그리잖아. 단순하고 예쁘게 반복되는 모양을 특히 잘 그리지.

 특기야! 특기!

 그림을 그리는 것과 거울 미세 조정이 무슨 관계가 있는 거야?

예쁜 반복 그림을 그리는 것처럼 마법 거울 미세 조정도 능숙하게 반복해서 할 수 있을 거 같아서.

 잘 할 수 있을지는 모르지만, 어디 해 볼까?

 좋았어! 그럼 마법 거울 가까이에 있어 봐. 우선 신경망을 마법 거울에 집어넣은 다음…

gpu-device=0 gpu-device=2
gpu-device=1

 현대의 난쟁이들. GPU라는 전문가가 나설 차례야!

그래픽 묘사 전문직이 대활약!

조사 47일째

고대 문명의 기술이 집약된 마법 거울을 미세 조정하는 데 현대의 난쟁이들이 협력하면 신경망을 빠르게 학습할 수 있지 않을까? 그렇게 생각했다.

지금까지의 모습을 지켜본 현대의 난쟁이라면 반드시 도움이 될 것이다. 몸 크기도 비슷하고.

조상들과 작업의 소통을 원활히 하기 위해 미세 조정역으로 chainer의 신을 호출하는 부분에서 다시 cuda 신을 호출했다.

Chapter4-MNIST.ipynb에 추가하기

(마법 주문: GPGPU 이용하기)

```
from chainer import cuda
gpu_device = 0
cuda.get_device(gpu_device).use()
NN.to_gpu()
```

이제 GPU 이용 준비는 끝났다. 만약 **GPU라는 전문가가 여럿일 때는 gpu_device가 0 이외의 값을 가질 수도 있다.** 예를 들어, 이번에는 gpu_device = 1로 해서 두 번째 난쟁이에게 미세 조정을 시켜보았다. 여기서도 역시 파이썬의 독특한 셈법에 주의해야 한다.

 응? 응?

 아마 이제 신경망이 네 머릿속에 이미지로 떠오를걸?

 별자리다! 별자리다!

 어떻게 된 거야?

 최적화하고 싶은 신경망을 NN.to_gpu라는 마법으로 보낸 거야.

NN.to_gpu만으로 이용할 수 있어!

GPU의 도움을 받읍시다!

 세상에!

 보인다! 보인다!

 이제 나머지는 데이터를 보내기만 하면 되네.

Chapter4-MNIST.ipynb 변경하기

(마법 주문: GPGPU에 데이터 전송하기)

```
data = [xtrain, xtest, ttrain, ttest]
```

 변경

```
data = cuda.to_gpu([xtrain, xtest, ttrain, ttest], gpu_device)
```

 데이터! 데이터!

 손글씨 데이터가 혹시 이 녀석한테 전송된 거야?

cuda 신이 데이터와 신경망 구조를 이해하기 쉬운 형태로 전달해 주는 것 같아.

 신이 도우면 우리도 마법 거울을 미세 조정할 수 있다는 건가?

 어서 해 보자.

Chapter4-MNIST.ipynb 다시 실행하기

```
optNN = Opt.MomentumSGD()
optNN.setup(NN)
```

늘 하던 대로 최적화 방법을 선택하고 결계를 펼쳐야지!

```
learning_classification(model, optNN, data, result)
```

 간단하네! 간단해!

 optimizer 신을 부르면 지금까지는 조상님들이 마법 거울 안에서 등장했었는데.

 이번에는 안 나오네. 어?

 그 대신 현대의 난쟁이들(GPU)이 최적화되잖아.

 공주, 아까부터 신경 쓰였는데 GPU가 대체 뭐야?

 현대의 위대한 전문 기술집단, 이름하여 Great Professional Unit이 GPU지!

 어휴~ 촌스러워. 거긴 Graphical Processing Unit이 좋겠어. 그림을 잘 그리니까.

아, 그렇네. 그럼 그것으로 하자.

 GPU! GPU!

CPU는 다양한 작업을 할 수 있는 요령 있는 전문가!

GPU는 신경망 최적화에 뛰어나지요!

 오~ 너 제법인데! 순식간에 신경망 최적화가 끝났잖아!

 너희들은 신경망 최적화에 집중하고, 조상님들께는 전체 작업 정리를 부탁하자. 이름하여 Central Processing Unit인 CPU 결성이야!

 그 이름은 멋있네.

GPU를 활용하려면 CPU와의 데이터 교환에 주의한다. 마법 거울에서 to_gpu로 현대 난쟁이들에게 데이터를 보내기도 하지만, 마법 거울 안에 사는 고대 난쟁이들이 CPU로 하는 작업도 있으므로 잘 분배해야 한다.

고대 난쟁이들은 기억 용량도 크고 작업 경험이 풍부하다. 반면 현대 난쟁이들은 기억 용량이 그 정도는 아니지만, 그림 그리는 작업에 능숙하다. 그래서 자작 마법에서 결과를 기록하는 부분은 기억 용량에 자신이 있는 고대인들에게 맡기려고 cuda.to_cpu로 고대의 난쟁이들에게 데이터를 보내도록 설정해 두기로 했다.

Chapter4-MNIST.ipynb 변경하기

(마법 주문: 식별을 위한 결과를 펼치는 자작 함수)

```
def learning_classification(model, optNN, data, result, T = 10):
    for time in range(T):
        config.train = True
        optNN.target.cleargrads()
        ytrain = model(data[0])
        loss_train = F.softmax_cross_entropy(ytrain, data[2])
        acc_train = F.accuracy(ytrain, data[2])
        loss_train.backward()
        optNN.update()

        config.train = False
        ytest = model(data[1])
        loss_test = F.softmax_cross_entropy(ytest, data[3])
        acc_test = F.accuracy(ytest, data[3])
        result[0].append(cuda.to_cpu(loss_train.data))
        result[1].append(cuda.to_cpu(loss_test.data))
        result[2].append(cuda.to_cpu(acc_train.data))
        result[3].append(cuda.to_cpu(acc_test.data))
```

zerograds 대신 cleargrads로 해 두면 계산 기록을 삭제할 수 있어서 기억 용량을 쉽게 확보할 수 있다.

4-3 자작 마법 모으기

조사 48일째

지금까지 기술해 온 자작 마법을 모아두기로 했다.

chainer의 신들의 마법책과 마찬가지로 자작 마법을 모아 마법 거울 안에 남겨둘 수 있는 것 같다.

지금까지 jupyter notebook 신께 부탁해 마법 주문을 쓸 때 Notebook에서 Python3을 선택했는데, 이번에는 'New' 메뉴에서 'Other'의 'Text File'을 선택한다.

위쪽에 표시된 이름을 원하는 이름으로 변경할 수 있다.

마법책 이름은 뭘로 하지?

 '백설공주 greatest hits'는 어때?

 '백설공주'라고 그만하라니까!

 마법! 마법!

 너무 단순해!

 그럼 귀엽게 'princess'는 어떨까?

 응~~~~

예를 들어, princess.py처럼 자유롭게 정한 이름에 .py라고 쓰면 **자작 마법을 모은 모듈을 설계**할 수 있다. 이 모듈에는 지금까지 만든 마법 주문 및 그 마법에 이용하는 신을 호출하는 주문을 나열해 둔다.

지금까지 우리가 만들어온 마법 주문을 모아서 실었다.

(마법 주문: 자작 모듈 설계하기)

princess.py

```
import numpy as np
import matplotlib.pyplot as plt

import chainer.optimizers as Opt
import chainer.functions as F
import chainer.links as L
```

```
from chainer import Variable, Chain, config, cuda

def data_divide(Dtrain, D, xdata, tdata):
  index = np.random.permutation(range(D))
  xtrain = xdata[index[0:Dtrain], :]
  ttrain = tdata[index[0:Dtrain]]
  xtest = xdata[index[Dtrain:D], :]
  ttest = tdata[index[Dtrain:D]]
  return xtrain, xtest, ttrain, ttest

def plot_result2(result1, result2, title, xlabel, ylabel,
                 ymin = 0.0, ymax = 1.0):
  Tall = len(result1)
  plt.figure(figsize = (8, 6))
  plt.plot(range(Tall), result1)
  plt.plot(range(Tall), result2)
  plt.title(title)
  plt.xlabel(xlabel)
  plt.ylabel(ylabel)
  plt.xlim([0, Tall])
  plt.ylim([ymin, ymax])
  plt.show()

def learning_classification(model, optNN, data, result, T = 10):
  for time in range(T):
    config.train = True
    optNN.target.cleargrads()
    ytrain = model(data[0])
    loss_train = F.softmax_cross_entropy(ytrain, data[2])
    acc_train = F.accuracy(ytrain, data[2])
    loss_train.backward()
```

```
optNN.update()

config.train = False
ytest = model(data[1])
loss_test = F.softmax_cross_entropy(ytest, data[3])
acc_test = F.accuracy(ytest, data[3])
result[0].append(cuda.to_cpu(loss_train.data))
result[1].append(cuda.to_cpu(loss_test.data))
result[2].append(cuda.to_cpu(acc_train.data))
result[3].append(cuda.to_cpu(acc_test.data))
```

 이렇게 보니 꽤 다양한 함수를 만들었네!

 설마 공주가 신의 반열에 들어갈 줄이야.

 신이다! 신이다!

 이걸로 공주의 마법을 쓸 수 있게 되는 거야?

 princess.py를 마법 거울 안에 준비하면 다른 신과 마찬가지로 호출할 수 있는 것 같아.

자작 모듈도 신을 호출했을 때와 마찬가지로 호출할 수 있다.

> (마법 코드: 자작 모듈 호출하기)
> ```
> import princess as ohm
> ```

도중에 자작 마법을 모은 모듈을 변경한 경우에는 '새로 고침'을 눌러 jupyter notebook
신께 마법 의식을 다시 행하도록 부탁해야 하므로 주의하자.

 ohm? 왜 이름이 옴이야?

 내가 앵무새(역주: 앵무새를 일본어로 '오우무'라고 함)를 좋아하거든. 그걸 멋있게 영어로 썼어.

 앵무새! 앵무새!

 하지만 앵무새는 영어로?

 어! 아닌가?

4-4 패션 식별에 도전하기

머신러닝을 하는 일련의 동작을 실행할 때 편리한 자작 모듈을 준비해 두면 더욱 효율적으로 다양하게 작업할 수 있다. 나머지는 적당한 데이터를 준비함으로써 고대 문명을 습득할 수 있다. 다행히 chainer의 신 중 척척박사인 datasets 신 덕분에 어느 정도 데이터를 쉽게 준비할 수 있었다.

 아, 이건 게 있어. fashion_mnist!

 fashion?

 패션! 패션!

 옷을 말할 때 쓰는 패션인가?

 고대인의 복장을 볼 수 있으면 재미있을 거야! 해 보자!

우선은 준비다.
지금까지의 경험에서 사용할 모듈을 먼저 써 둔다.

Chapter4-fashion_MNIST.ipynb 변경하기

(마법 주문: 필요한 모듈과 자작 마법책 가져오기)
```
import numpy as np
```

```
import matplotlib.pyplot as plt

import chainer.optimizers as Opt
import chainer.functions as F
import chainer.links as L
import chainer.datasets as ds
import chainer.dataset.convert as con
from chainer import Variable, Chain, config, cuda

import princess as ohm
```

맨 아래에 있는 것처럼 **import princess as ohm**이 어제 만든 **자작 마법을 모은 모듈**이다. 이용할 때는 줄여서 ohm.을 붙인다.

Chapter4-fashion_MNIST.ipynb

(마법 주문: 필요한 모듈과 자작 마법책 가져오기)
```
train, test = ds.get_fashion_mnist()
xtrain, ttrain = con.concat_examples(train)
xtest, ttest = con.concat_examples(test)
```

---

datasets 신께 부탁해 fashion_mnist라는 데이터셋을 불러왔다. 훈련 데이터와 시험 데이터를 모아서 넘겨주므로 xtrain, ttrain, 그리고 xtest, ttest로 나눈다.

Chapter4-fashion_MNIST.ipynb

(마법 주문: 데이터의 형태와 이미지의 한 예 표시하기)
```
Dtrain, N = xtrain.shape
print(Dtrain, N)
plt.imshow(xtrain[0, :].reshape(28, 28))
plt.show()
```

이 결과를 참조하면 Dtrain = 60000, N = 784였다. 6만 장의 패션 이미지 데이터가 있고, 하나하나의 이미지 데이터는 784픽셀을 가진다. 세로 28픽셀×가로 28픽셀로, 손글씨 인식용 MNIST의 데이터와 같은 크기다.

시험 삼아 한 장의 이미지 데이터를 살펴보니 구두처럼 생긴 이미지가 나타났다.

 이게 고대인의 양말인가?

 아니, 구두 아니야? 아, 다른 것도 보니 ttrain에 0부터 9까지의 수치가 들어있어. 그렇다면 열 종류로 분류하는 문제인가? 0이면 T-shirt/top? 뭘까? 위에 입는 옷인가? 1은 바지, 2는 스웨터, 3은 드레스, 4는 코트, 5는 샌들, 6은 셔츠, 7은 스니커, 스니커는 뭐야?! 8은 가방인데, 우리가 가진 것과는 꽤 다르네. 9는 앵클부츠, 이거 예쁘다!

흐음~ 우리 옷과는 역시 꽤 다르네.

 이걸로 고대의 생활상을 엿볼 수 있겠어. 좀 재미있는 데이터셋이네. 하지만 이렇게 많은 그림을 어떻게 준비한 걸까?

 아, 이 나라에서는 아직 사진이 발명되지 않았나요?

 사진?

 내가 태어난 무렵에는 사진이 디지털화되어 풍경이나 눈앞에서 일어난 일 등을 이미지 데이터로 기록하는 게 일반적이었어. 혹시 지금은 필름 카메라도 발명되지 않았나?

 눈으로 본 풍경을 그림으로 남겨둘 수 있다는 거야?

 네, 그렇지요. 어라? 역시 모르는 모양이네요.

 괴, 굉장한 기술이네. 엄청 편리하겠다. 그 기술은….

 왜? 왜 그래? 공주!

이 세상에 있는 모든 걸 기록해서 남길 수 있다니 최고야! 한 번 갔던 풍경을 남겨둘 수도, 모처럼 만든 요리도 먹기 전에 그림으로 남겨둘 수도 있어. 날씨가 좋아야 비로소 보게 되는 아름다운 별 밤도!

 왕궁 도서관에서 책을 가지고 올 필요도 없었네.

 쉿! 그건 말하지 마!

이 fashion_mnist 데이터셋을 다루기 위해 다음과 같은 신경망을 마법 거울에 설치했다.

```
Chapter4-fashion_MNIST.ipynb

(마법 주문: 2층 신경망을 호출해 함수화하기)
C = ttrain.max()+1

NN = Chain(l1 = L.Linear(N, 400), l2 = L.Linear(400, C),
          bnorm1 = L.BatchNormalization(400))

def model(x):
  h = NN.l1(x)
  h = F.relu(h)
  h = NN.bnorm1(h)
  y = NN.l2(h)
  return y
```

손글씨 데이터셋과 마찬가지로 신경망을 이용하기로 했다.

이 신경망을 마법 거울에 설치한 후 GPU를 이용했다. CPU에 의한 최적화도 가능하지만, 역시 최적화 부분은 GPU에 맡기면 재빨리 작업이 끝난다.

Chapter4-fashion_MNIST.ipynb

(마법 주문: GPGPU 설정하기)

```
gpu_device = 0
cuda.get_device(gpu_device).use()
NN.to_gpu()
```

다음으로 최적화 방법을 설정하고 지금까지 해 온 대로 데이터와 학습을 기록할 준비를 마쳤다.

Chapter4-fashion_MNIST.ipynb

(마법 주문: 최적화 방법 설정하기)

```
optNN = Opt.MomentumSGD()
optNN.setup(NN)
```

(마법 주문: 데이터와 학습 기록을 남길 장소 준비하기)

```
train_loss = []
train_acc = []
test_loss = []
test_acc = []
result = [train_loss, test_loss, train_acc, test_acc]
data = cuda.to_gpu([xtrain, xtest, ttrain, ttest], gpu_device)
```

이제 드디어 자작 마법을 모은 모듈에서 자작 마법을 이용할 차례다. 결계를 펼칠 자작 마법을 다음과 같이 사용했다.

Chapter4-fashion_MNIST.ipynb

(마법 주문: 자작 모듈에서 결계를 펼치고 학습 실행하기)

```
ohm.learning_classification(model, optNN, data, result, 100)
```

셔츠

혹시 나도 파이썬 마법사?

예, 훌륭한 마법사입니다!

 … 내 마법이 실행된 거 맞지?

 대단해! 옴 신이 강림했다!

옴 신! 옴 신!

 그러니까 공주가 말한 앵무새 옴은 말이야~

 창피하니까 이제 말하지 말아줘!

백설공주의 발견

이렇게 쓸 수도 있다는 사실을 발견했어.

config.train = True와 config.train = False로 전환되는 부분!

`from import import config` 대신

`import chainer`와 같이 처음에 다른 모듈을 불러오고 config.train은 모두 삭제해!

그 대신 시험 데이터로 계산하는 부분만 이렇게 바꾸면 돼.

```
with chainer.using_config("train", False),\
    chainer.using_config("enable_backprop", False):
    ytest = model(xtest)
```

불필요한 계산을 하지 않게 하는 주문도 걸어버렸지.

with로 여기만 다른 마법 영향을 받으라고 특별한 장소를 준비할 수 있는 것 같아.

역슬래시(\)는 조건이 조금 길 때 줄을 바꿔주는 편리한 기호야.

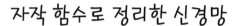

왕비님의 학습 노트 4

자작 함수로 정리한 신경망

princess.py

자작 모듈 설계하기

ln[1]:
```python
import numpy as np
import matplotlib.pyplot as plt


import chainer.optimizers as Opt
import chainer.functions as F
import chainer.links as L
from chainer import Variable, Chain, config, cuda


def data_divide(Dtrain, D, xdata, tdata):
    index = np.random.permutation(range(D))
    xtrain = xdata[index[0:Dtrain], :]
    ttrain = tdata[index[0:Dtrain]]
    xtest = xdata[index[Dtrain:D], :]
    ttest = tdata[index[Dtrain:D]]
    return xtrain, xtest, ttrain, ttest


def plot_result2(result1, result2, title, xlabel, ylabel,
                 ymin = 0.0, ymax = 1.0):
    Tall = len(result1)
    plt.figure(figsize = (8, 6))
    plt.plot(range(Tall), result1)
    plt.plot(range(Tall), result2)
    plt.title(title)
    plt.xlabel(xlabel)
```

```
    plt.ylabel(ylabel)
    plt.xlim([0, Tall])
    plt.ylim([ymin, ymax])
    plt.show()

def learning_classification(model, optNN, data, result, T = 10):
    for time in range(T):
        optNN.target.cleargrads()
        ytrain = model(data[0])
        loss_train = F.softmax_cross_entropy(ytrain, data[2])
        acc_train = F.accuracy(ytrain, data[2])
        loss_train.backward()
        optNN.update()

        config.train = False
        ytest = model(data[1])
        loss_test = F.softmax_cross_entropy(ytest, data[3])
        acc_test = F.accuracy(ytest, data[3])
        result[0].append(cuda.to_cpu(loss_train.data))
        result[1].append(cuda.to_cpu(loss_test.data))
        result[2].append(cuda.to_cpu(acc_train.data))
        result[3].append(cuda.to_cpu(acc_test.data))
```

 자작 모듈에서도 처음에 필요한 걸 써 둘 필요가 있구나!

 덧붙여 자작 마법에서 기본값을 설정하는 인수는 뒤로 빼주세요.

Chapter4-fashion_MNIST.ipynb

필요한 모듈과 자작 마법책 불러오기

ln[2]:
```python
import numpy as np
import matplotlib.pyplot as plt

import chainer.optimizers as Opt
import chainer.functions as F
import chainer.links as L
import chainer.datasets as ds
import chainer.dataset.convert as con
from chainer import Variable, Chain, config, cuda

import princess as ohm
```

 GPU는 cuda를 호출하기만 하면 쓸 수 있구나.

 간단하게 도입할 수 있으니 꼭 도전해 보세요.

패션 MNIST 데이터셋 불러오기

ln[3]:
```python
train, test = ds.get_fashion_mnist()
xtrain, ttrain = con.concat_examples(train)
xtest, ttest = con.concat_examples(test)
```

데이터 크기 확인+결과 표시하기

ln[4]:
```python
Dtrain, N = xtrain.shape
print(Dtrain,N)
plt.imshow(xtrain[0, :].reshape(28, 28))
plt.show()
```

 datasets로부터 여러 가지 데이터를 불러올 수 있어.

이 부분을 자기가 만든 이미지 데이터셋으로 할 수도 있어요.

2층 신경망 호출해서 함수화하기

```
ln[5]:  C = ttrain.max()+1
        NN = Chain(l1 = L.Linear(N,400), l2 = L.Linear(400,C),
                    bnorm1 = L.BatchNormalization(400))

        def model(x):
          h = NN.l1(x)
          h = F.relu(h)
          h = NN.bnorm1(h)
          y = NN.l2(h)
          return y
```

 BatchNormalization은 학습 안정화에 편리해.

 요 몇 년 새 발견된 가장 큰 혁명이지요.

GPGPU 설정하기

```
ln[6]:  gpu_device = 0
        cuda.get_device(gpu_device).use()
        NN.to_gpu()
```

 to_gpu로 신경망을 GPU에 전송하자!

 만약 GPU가 없을 땐 이 부분을 빼 주세요.

최적화 방법 설정하기

ln[7]:
```
optNN = Opt.MomentumSGD()
optNN.setup(NN)
```

데이터와 학습 기록을 남길 장소 준비하기

```
train_loss = []
train_acc = []
test_loss = []
test_acc = []
result = [train_loss, test_loss, train_acc, test_acc]
data = cuda.to_gpu([xtrain, xtest, ttrain, ttest], gpu_device)
```

 데이터도 cuda.to_gpu로 GPU에 전송하는 걸 잊지 않도록!

 GPU가 없을 때는 cuda.to_gpu()를 삭제합시다.

자작 모듈에서 결계 펼치기＋결과 표시하기

ln[8]:
```
ohm.learning_classification(model, optNN, data, result, 100)
ohm.plot_result2(result[0], result[1], "loss function", "step",
                 "loss function", 0.0, 4.0)
ohm.plot_result2(result[2], result[3], "accuracy", "step",
                 "accuracy")
```

 기본으로 설정된 인수는 사용할 때 변경할 수 있어!

 자작 모듈로 이렇게 간간히 쓸 수 있지요!

제 5 장

미래의 예측

데이터에 놀림당한 백설공주

5-1 패션 식별에 도전하기

조사 60일째

지금까지 **식별** 기술을 중점적으로 조사했다.

그 밖에도 같은 과정으로 **회귀**라는 기술을 이용할 수 있다. 회귀란, **어떤 법칙을 따라 변화하는 수치**가 있을 때 어느 정도의 힌트를 바탕으로 그 변화에 맞는 수치를 예측하는 것으로, 계절에 따른 변동이나 어느 정도 같은 법칙이 성립하는 것을 기대할 수 있을 때 유효하다. 시간 등 변화하는 수치에 따라 값이 변화할 때 그 사이에는 **함수** 관계가 있다. 회귀는 해당 함수의 관계를 명확하게 하는 것으로, 시험 데이터를 만들어내고 회귀를 시행해 본 경과를 기록해 둔다.

우선 늘 해 온 대로 점점 친구 같은 느낌이 들기 시작한 신들의 이름을 부른다.

Chapter5.ipynb

```
(마법 주문: 필요한 모듈과 자작 마법책 불러오기)
import numpy as np
import matplotlib.pyplot as plt

import chainer.optimizers as Opt
import chainer.functions as F
import chainer.links as L
from chainer import Variable,Chain,config

import princess as ohm
```

magic!

우선 **np.linspace(−5.0, 5.0, D)**로, **−5.0에서 5.0 사이의 수치를 D개** 준비했다.

Chapter5.ipynb

(마법 주문: 등간격 수치 준비하기)

```
D = 100
ndata = np.linspace(-5.0, 5.0, D)
```

등간격으로 나열되는 수치를 생성하려면 np.linspace로 시작 값, 끝 값, 개수를 지정한다. 개수 대신 간격이 정해져 있는 경우에는 np.arange(시작 값, 끝 값, 간격)으로 지정해도 좋다. 단, linspace는 끝 값을 포함해서 등간격으로 수치를 나열하지만, arange는 끝 값이 포함되지 않으므로 주의한다.

다음으로 적당히 법칙을 가정한 데이터를 인공적으로 만들어낸다. 주기적으로 동작하는 사인파, sin이라는 유명한 함수로 적당한 데이터를 만들기 위해 다음의 마법을 사용했다. sin과 같이 학교에서 배운 지식이 여기서 매우 유용하다.

Chapter5.ipynb

(마법 주문: 함수로 데이터 만들기)

```
N = 1
xdata = ndata.reshape(D, N).astype(np.float32)
tdata = (np.sin(xdata) + 2.0*np.sin(2.0*xdata))\
        .astype(np.float32)
```

함수와 어떤 관계인지 살펴보기 위해 pyplot 신에게 그림을 부탁했다.

Chapter5.ipynb

(마법 주문: 함수 그리기)

```
plt.plot(xdata, tdata)
plt.show()
```

위아래로 반복해서 변동하는 사인파가 조합된 복잡한 형태가 그려졌다.

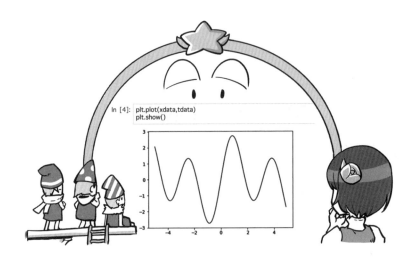

```
In [4]:  plt.plot(xdata,tdata)
         plt.show()
```

회귀에서는 여기에서 일부 데이터만 훈련 데이터로 이용한다. 이른바 이 빠진 데이터이다. 원래의 데이터에서 빠진 부분이 어떤 형태인지 신경망으로 훌륭하게 그려낼 수 있는지가 이번 도전 과제이다.

훈련 데이터 중 xdata를 입력해서 tdata를 바르게 출력할 수 있도록 회귀시킨다. 이게 가능하다면 데이터의 경향을 학습할 수 있게 되고, 미래를 예측할 수 있을 것으로 기대된다.

회귀에서는 tdata도 수치가 정밀해지므로 astype(np.float32)로 설정하는데, 이 점이 바로 식별과의 차이다.

np.float32는 '부동 소수'로 부르는 정밀한 수치를 다루는 모드이고, np.int32는 정수를 다루는 모드이다. 식별의 경우는 어느 그룹에 속하는지를 0, 1, 2로 나타낸다. 회귀의 경우는 소수를 포함하는 세밀한 수치인 np.float32를 이용한다.

이 회귀 기술을 사용하면 별 운동의 법칙성과 같은 것을 알 수 있다는 거구나.

 법칙을 알 수 있다는 말은 어디로 별이 오는지도 예측할 수 있다는 건가?

 법칙! 법칙!

 그 법칙이 쭉 변하지 않고 계속되는 거라면 예측할 수 있겠지.

예측값

시각

실측값

시각

손에 넣은 데이터만으로
어떤 함수인지 알 수 있어?

그게 회귀의 목표지요!

 별의 움직임은 항상 변하지 않으니까 그건 기대할 수 있겠어.

 계절과 관련된 주기적인 행동에도 응용할 수 있을 것 같아.

신경망은 다음과 같이 설정했다. 출력은 하나의 입력에 대해 하나뿐이므로 **C = 1**로 지정했다. 중간 계산 결과를 두는 부분에는 H = 20개의 결과가 나열되도록 신경망을 설계했다.

```
Chapter5.ipynb

(마법 주문: 회귀의 신경망 호출해 함수화하기)
C = 1
H = 20
NN = Chain(l1 = L.Linear(N, H), l2 = L.Linear(H, C),
           bnorm1 = L.BatchNormalization(H))

def model(x):
  h = NN.l1(x)
  h = F.relu(h)
  h = NN.bnorm1(h)
  h = NN.l2(h)
  return y
```

magic!

 입력은 N = 1개뿐인가?

 그렇지. 출력도 C = 1개뿐이야.

 그런데 중간 계산에 다른 결과를 20개나 나열하는 건 왜 그렇지?

 으음~ 모르겠네!

하나를 입력해서 하나의 결과를 추출하는 거면 중간도 하나면 되지 않나? 식별일 때는 입력 수와 출력 수 모두 많았지만.

 하지만 어떤 규칙으로 움직이는지를 전혀 모르잖아? 그래서 여러 가지 시험삼아 계산하고 그 결과를 조합하면 좋은 힌트가 될 거라고 생각해.

 아, 20개의 중간 결과에는 각각 다른 계산 결과가 들어가는 건가?

 그럴 거야. 신경망을 만들어서 조사해 봤는데, 'NN.11.W.data'라고 입력하면 어떤 가중치로 조합했는지 알 수 있어.

 가중치! 가중치!

 NN의 11의 W인가?

 W는 신경망의 현재 상태를 나타내고, 그 안의 data가 가중치를 나타내는 것 같아. NN을 준비해서 신경망이 만들어지는 단계가 있는데, 이때 W나 data 값을 가진 신경망이 생기는 거지.

 금방 만들어진 신경망은 어떻게 생겼을까?

 그게 말이야, 아무렇게나 가중치를 갖고 있어. 예를 들어, 지금 신경망은 이런 느낌이야.

(마법 주문: 신경망의 상태 조사하기)

```
print(NN.11.W.data)
```

지금 만든 신경망은 이렇게 해서 기울기를 볼 수 있어.

(마법 주문: 신경망의 기울기 표시하기)

```
print(NN.11.W.grad)
```

 NaN! NaN?

 NaN이 뭐지?

Not a Number, 즉 숫자가 아니라는 의미야. 파이썬을 비롯해서 다른 고대 문명에도 같은 용어가 있어. 하면 안 되는 일을 한 경우에 나오는 경고와 같은 거지. W.data를 봐도 처음엔 값이 대충 들어가 있어.

 여기서부터 시작해 출력을 데이터에 맞춰가는 거야? 그렇다면 신경망을 만들 때마다 계산 결과가 다르게 나오겠네.

 그렇겠지'? 하나의 입력으로 다양한 계산을 시도해 보고, 중간 계산 결과를 h에 저장해. 그 값을 통합해서 하나의 출력으로 합치지.

 그럼 중간 계산 결과라는 건 하나의 입력을 여러 가지 시각으로 보는 느낌인가?

 그렇지. 게다가 복수의 데이터가 있으니까 어떤 데이터에는 맞아도, 다른 데이터에는 맞지 않는 경우도 있어. 그래서 여러 가지 계산법을 사용하거나 다양하게 조합해 볼 필요가 있을 거야.

 일리 있어. 무슨 말인지 알겠어.

 그런데 신경이 쓰이는데 저 NaN은 신의 노여움을 산 건가?

 공주, 뭔가 위험한 일이라도 하는 거야?

그런 게 아니라 신경망은 아직 갓난아기라서 어디로 갈지 모르는 상태야. 결계를 펼 때 optNN.target.zerograds()나 cleargrads()라고 했었지?

 zerograds는 기울기를 0으로, cleargrads는 기울기 기록을 제거하는 거였나?

 맞아. 초기화야. 그 다음 loss_train, backward()로 기울기를 계산해서 어떻게 개선하면 좋을지 조사해.

 그때 기울기 값은?

 음~ 그땐 제대로 의미가 있는 수치가 들어가지.

 신의 노여움을 산 게 아니었구나.

 신을 막 별명으로 부르기도 했고, 슬슬 노여움을 사지 않을까 걱정이야.

지금까지와 마찬가지로 신경망 최적화 방법은 MomentumSGD를 선택했다.

Chapter5.ipynb

(마법 주문: 최적화 방법 선택하기)

```
optNN = Opt.MomentumSGD()
optNN.setup(NN)
```

회귀에서는 어느 정도 수치가 잘 맞는지 조사하는 방법이 식별의 경우와 다르다.

식별에서는 F.softmax_cross_entropy를 이용했다. 또한 바르게 식별되는지 정밀도를 F.accuracy로 조사할 필요가 있었다. 하지만 **회귀**에서는 **오차 함수로 F.mean_squared_error**를 이용해 어느 정도 수치가 잘 맞춰져 있는지에 주의한다. 그래서 식별 정밀도 acc는 준비하지 않고 오차 함수 loss의 기록을 남길 장소만 준비했다.

Chapter5.ipynb

(마법 주문: 회귀용 학습 기록을 남길 장소 준비하고 데이터 분할하기)

```
train_loss = []
test_loss = []

Dtrain = D//2
xtrain, xtest, ttrain, ttest = ohm.data_divide(Dtrain, D,
                                  xdata, tdata)
data = [xtrain, xtest, ttrain, ttest]
result = [train_loss, test_loss]
```

---

result[0]에는 훈련 데이터에 대한 오차 함수가, result[1]에는 시험 데이터에 대한 오차 함수가 기록되고, 이것이 그대로 **회귀의 완성도를 평가**한다.

결계를 펼치기 위해 준비한 자작 마법도 회귀를 이용할 경우에는 조금 변경할 필요가 있다. 다음과 같이 식별 정밀도 부분을 삭제하고 오차 함수를 F.mean_squared_error로 변경한 코드를 준비했다.

---

princess.py에 추가하기

(마법 주문: 회귀 함수 정의하기)

```
def learning_regression(model, optNN, data, result, T = 10):
  for time in tqdm(range(T)):
    optNN.target.cleargrads()
    ytrain = model(data[0])
    loss_train = F.mean_squared_error(ytrain, data[2])
```

```
loss_train.backward()
optNN.update()

config.train = Fasle
ytest = model(data[1])
loss_test = F.mean_squared_error(ytest, data[3])
result[0].append(cuda.to_cpu(loss_train.data))
result[1].append(cuda.to_cpu(loss_test.data))
```

이 자작 마법을 그대로 princess.py에 추가하고, 마법 거울에 새겨넣었다. 그리고 곧 바로 자작 마법으로 회귀를 실행해 데이터의 규칙성 찾기에 도전했다.

Chapter5.ipynb

(마법 주문: 자작 마법으로 회귀용 결과 펼치기)
```
ohm.learning_regression(model, optNN, data, result, 1000)
```

이 회귀 문제는 CPU를 이용해 충분한 속도로 학습이 진행되었는데, 잘 되고 있는지 확인해 보았다.
마지막으로 자작 마법을 이용해 훈련 데이터에 대한 오차 함수 result[0]과 시험 데이터에 대한 오차 함수 result[1]을 비교했다.

Chapter5.ipynb

(마법 주문: 오차 함수 비교하기)
```
ohm.plot_result2(result[0], result[1], "loss function", "step",
                 "loss function", 0.0, 3.0)
```

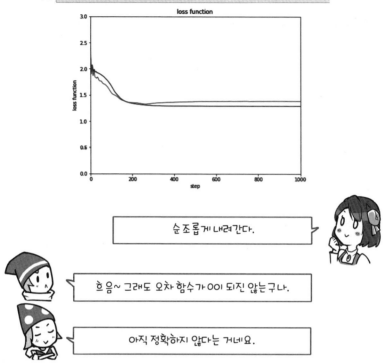

 순조롭게 내려간다.

 흐음~ 그래도 오차 함수가 0이 되진 않는구나.

 아직 정확하지 않다는 거네요.

 결과를 살펴보자. 그러니까 신경망을 호출할 때 늘 사용하는 model 마법을 사용하면 만들어진 신경망에 의해 데이터를 모방한 결과가 나올 거야. model(xtrain)이라고 하면 훈련 데이터에 대한 결과이고. 이건 분명히 잘 흉내를 냈을 거야.

흉내! 흉내!

그렇구나. 신경망을 최적화해서 데이터에 잘 맞도록 하기 때문이구나.

그래. model(xtest)라고 하면 모르는 입력일 때 어떤 수치로 출력되는지를 예측하는 거지.

model(xtrain) 또는 model(xtest)로 예측 결과를 추출할 수 있는데, **chainer의 신의 영향 아래에 있으므로 Variable 클래스**에 속한다. 여기에서 **수치를 추출하려면 .data**를 붙인다.

Chapter5.ipynb

```
(마법 주문: 회귀 결과 비교하기)
config.train = False
ytrain = model(xtrain).data
ytest = model(xtest).data
plt.plot(xtrain, ytrain, marker = "x", linestyle = "None")
plt.plot(xtest, ytest, marker = "o", linestyle = "None")
plt.plot(xdata, tdata)
plt.show()
```

magic!

이처럼 ytrain과 ytest로 우리가 준비해서 학습시킨 신경망의 예측값을 넣어두고, 결과를 **점만으로** 표시하기로 했다. plt.plot 안에서 **linestyle = "None"**이라고 주문해 선을 없애고 원 데이터의 모습을 plt.plot(xdata, tdata)로 선으로 그려 비교 대상으로 했다. 마지막에 plt.show( )라고 입력하는 것을 기억하자.

```
In [10]:  config.train = False
          ytrain = model(xtrain).data
          ytest = model(xtest).data
          plt.plot(xtrain, ytrain, marker = "x", linestyle = "None")
          plt.plot(xtest, ytest, marker = "o", linestyle = "None")
          plt.plot(xdata, tdata)
          plt.show()
```

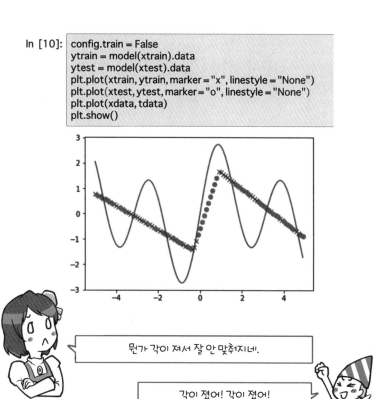

뭔가 각이 져서 잘 안 맞춰지네.

각이 졌어! 각이 졌어!

 일부는 맞지만, 전체가 맞진 않는군.

 의외로 어렵네. 손글씨랑 패션까지 인식할 수 있는 신경망인데도.

 중간 계산 결과를 늘려볼까?

 H = 100으로 해 보자!

 흐음, H 값을 늘려도 안 되네.

 왜 그렇지?

5-2 어떤 비선형 변환이 좋을까?

조사 61일째

문제의 각이 지는 현상은 비선형 변환 형태에 원인이 있었다. 선형 변환은 여러 수치의 조합을 고려하므로 기본적으로는 덧셈과 뺄셈에 의존한다. 크게 하거나 작게 하는 것인데, 해당 요소가 되는 부품이 비선형 변환으로 정해진다. 그리고 우리가 채용한 F.relu의 형태에 관해 고문서를 조사하다가 의외의 사실을 발견했다.

(마법 주문: F.relu의 형태 조사하기)

```
ydata = F.relu(xdata).data
plt.plot(xdata, ydata)
plt.show()
```

 각이 지는 원인은 이거구나.

 뭐지? 이렇게 확 꺾인 선은?

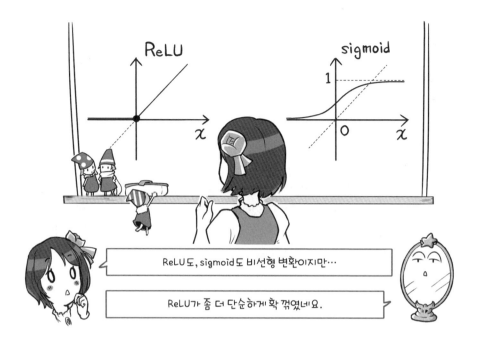

ReLU도, sigmoid도 비선형 변환이지만…

ReLU가 좀 더 단순하게 확 꺾였네요.

 우리의 신경망은 이렇게 확 꺾인 형태를 여러 가지로 움직여서 많이 겹친 거 구나.

 그러니까 기본적으로 직선적이란 거군요.

 반면 F.sigmoid를 살펴보면 이런 식으로 매끄럽게 되어 있지.

```
(마법 주문: F.sigmoid의 형태 조사하기)
ydata = F.sigmoid(xdata).data
plt.plot(xdata, ydata)
plt.show()
```

 그렇지만 sigmoid를 사용했을 땐 너무 뻑뻑해서 신경망을 최적화할 수 없 었어.

혹시 F.sigmoid는 회귀 문제에 유효한 걸까?

 시험해 보자!

우리는 비선형 변환 부분이 각각 단순한 함수로 되어 있어도 항상 그것들을 조합해서 복잡한 형태로 만들어내는 것이 신경망이라는 걸 깨달았다. 그래서 회귀를 위한 기본 부품인 비선형 변환을 **F.relu에서 F.sigmoid로 변경**해 한 번 더 학습을 실행했다. 결계를 펼치는 시간은 확실히 더 오래 필요했다. 지금까지 경험한 대로 완성된 신경망에 의한 예측값은 그렇게 나쁘지 않았다.

In [10]:
```
config.train = False
ytrain = model(xtrain).data
ytest = model(xtest).data
plt.plot(xtrain, ytrain, marker = "x", linestyle = "None")
plt.plot(xtest, ytest, marker = "o", linestyle = "None")
plt.plot(xdata, tdata)
plt.show()
```

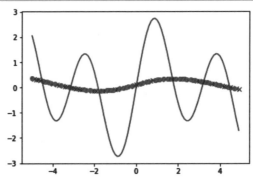

 보기에는 좋은 게 나온 거 같아~

 그래도 딱 맞게는 잘 안 되네.

어려워! 어려워!

 예를 들어, 주기적인 행동을 한 비선형 변환을 사용하면 어떨까?

 그렇구나! '비'선형이라면 뭐든 될 거야.

dir(F)라고 입력해서 Functions 신에게 물어보니 의외로 많은 비선형 변환이 준비되어 있었다. 수학 서적과 대조해 본 결과, **F.sin이나 F.exp, F.log 등의 삼각 함수와 지수 함수, 대수 함수** 등과 같이 학교에서 배운 수학 함수와의 공통점을 찾을 수 있었다.

 비선형 변환에 F.sin을 사용해 봤어.

 결계를 펼치고~

 됐다! 됐다!

 오오, 역시 딱 맞네!!

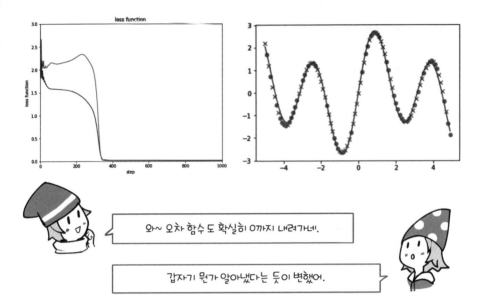

와~ 오차 함수도 확실히 0까지 내려가네.

갑자기 뭔가 알아냈다는 듯이 변했어.

주기적으로 변화한다는 걸 사전에 알고 있다면 이렇게 할 수 있어. 하지만 이런 사실을 모르면 어떻게 해 볼 수가 없네.

지금까지의 실험이나 고문서의 내용을 살펴보면 비선형 변환에 관해 다음과 같은 사실이 판명되었다.

relu는 한 번 꺾여 있다는 점에서 **단순한 직선이 아니고 비선형 변환**이다. 그리고 신경망의 최적화에서 중요한 **기울기가 1이 된다**는 특징이 있다. 한편으로 같은 비선형 변환이지만, sigmoid는 매끄럽게 휘어져 있고 **기울기가 매우 작다**. 가장 큰 부분이라도 1/4에 불과한데, 거대한 신경망이 되면 효과가 약해져서 기울기 소실 문제를 일으킨다. relu는 이런 **기울기 소실 문제**를 해결하는 수단으로, 복잡한 신경망을 학습할 수 있게 한 기술이라고 한다.

relu는 이 기울기가 1이 되는 부분이 중요한 포인트이다. 단, 함수 모양으로 알 수 있 듯이 어떤 영역에서는 기울기가 0으로 기울기가 없는 평탄한 형태가 된다. 신경망에 전혀 영향을 주지 않는 경우도 있다. 이런 상황에 대처하려고 **leaky relu**라는 기법도 제안되었다. 비선형 변환의 어떤 영역에서 기울기가 0이 되지 않고 어느 정도 기울기 를 가진 직선으로 전환되는 것이다.

ReLU

기울기 1

기울기 0

x

leaky ReLU

기울기 1

0

기울기 a

기울기가 0인 것은 그것대로 부족해.

ReLU는 기울기가 0인 곳이 있어요.

 어떤 식으로 주기적인 변동을 하는지 사전에 알 수 없을 때는 역시 포기할 수 밖에 없는 걸까?

 어쩔 수 없어! 어쩔 수 없어!

잠깐 기다려봐. 한 번만 휘는 게 아니라 복잡하게 휘는 비선형 변환을 만들기 위해 F.relu를 여러 번 사용하면 되지 않을까?

 여러 번 사용해??

백설공주의 발견

이렇게도 쓸 수 있다는 걸 발견했어.

```
optNN.target.zerograds()
loss = F.mean_squared_error(yrain, ttrain)
loss.backward()
optNN.update()
```

네 개의 문장을 모으는 거지.

```
optNN.update(F.mean_squared_error, yrain, ttrain)
```

이렇게 한 줄로 쓸 수 있어.
하지만 이 경우는 결계를 펼치기 직전에 첫 번째 초기화인
`optNN.target.zerograds()` 만은 잊지 않고 꼭 해 줘.
그리고 이렇게 하면 loss의 계산 결과도 나오지 않는다는 것에 주의해.

5-3 심층 신경망

 비선형 변환을 몇 번이고 반복 적용하면 F.relu로 한 번에 확 구부러진 단순한 형태라도 잘 회귀할 수 있지 않을까?

 아~ 여러 번 구부려서 이상한 형태기 되면 뇌기 때문인가?

 구부린다! 구부린다!

 철사를 흐늘흐늘하게 구부려가려면 매끄러운 곡선이 되는 이미지일까?

 ReLU로 몇 번이고 구부리면 되니?

몇 번이고 반복해서 구부리면
더 복잡한 변화에 대응할 수 있어요.

 알았다! 신경망의 진가를 발휘하는 비결은 반복에 있었어! 최적화가 쉬운 relu나 그에 가까운 직선을 구부린 정도가 비선형 변환이거든. 이 과정을 몇 번이고 거쳐서 사전 지식이 없어도 다양한 법칙을 발견할 수 있게 하고 있어.

반복 구조가 많은 신경망의 최적화를 통해 고도의 식별과 회귀를 실현해서 문제의 심층부에 다가간다.

'**딥러닝(심층 학습)**'이라고 이름 붙이면 어떨까? 이 과정을 반복함으로써 신경망은 하나하나 문제를 좀 더 깊게 알 수도 있어서 '**심층' 신경망**을 만들기로 했다. 하지만 점점 기술할 양이 늘어났고, 좋은 방법이 무엇인지 고민하기 시작했다. 그리고 다음과 같은 기술 기법이 존재한다는 것에 주목했다. 예를 들어, 이전에 작성한 신경망은 다음과 같이 쓸 수 있다.

```
(마법 주문: 심층 신경망 기술법)
C = 1
H = 20
layers = {}
layers["l1"] = L.Linear(N, H)
layers["l2"] = L.Linear(H, C)
layers["bnorm1"] = L.BatchNormalization(H)
```

우선 layers라는 **신경망 사전**을 준비한 후 어떤 층이 있는지 나란히 적는다. **파이썬으로 사전을 만들 때는 layers = {}처럼 {}를 이용해서 시작한다.** 키워드가 되는 단어와 그것이 의미하는 것을 나란히 적어서 사전을 채운다. 예를 들어, **layers["l1"] = L.Linear(N,H1)**은 l1이라는 이름을 L.Linear(N,H)에 붙인 것이다.

이런 사전을 준비해 두고 신경망을 생성할 때는 다음과 같이 한다.

```
NN = Chain(**layers)
```

Chain( ) **안에 **layers라고 신경망의 사전을 던져넣기**만 하면 된다.

이렇게 해서 **4층 신경망**을 구축했다. 최적화 기법과 학습 횟수는 동일하게 설정하고 회귀를 실행했더니 오차 함수가 줄어들면서 훌륭하게 같은 함수를 구성할 수 있었다.

Chapter5.ipynb 변경하기

(마법 주문: 4층 신경망을 호출해 함수화하기)

```
C = 1
H1 = 5
H2 = 5
H3 = 5
layers = {}
layers["l1"] = L.Linear(N, H1)
layers["l2"] = L.Linear(H1, H2)
layers["l3"] = L.Linear(H2, H3)
layers["l4"]=L.Linear(H3, C)
layers["bnorm1"] = L.BatchNormalization(H1)
layers["bnorm2"] = L.BatchNormalization(H2)
layers["bnorm3"] = L.BatchNormalization(H3)
NN = Chain(**layers)

def model(x):
  h = NN.l1(x)
  h = F.relu(h)
  h = NN.bnorm1(h)
  h = NN.l2(h)
  h = F.relu(h)
  h = NN.bnorm2(h)
```

magic!

```
   h = NN.13(h)
   h = F.relu(h)
   h = NN.bnorm3(h)
   y = NN.14(h)
   return y
```

In [11]:
```
config.train = False
ytrain = model(xtrain).data
ytest = model(xtest).data
plt.plot(xtrain, ytrain, marker = "x", linestyle = "None")
plt.plot(xtest, ytest, marker = "o", linestyle = "None")
plt.plot(xdata, tdata)
plt.show()
```

멋지게 들어맞네!

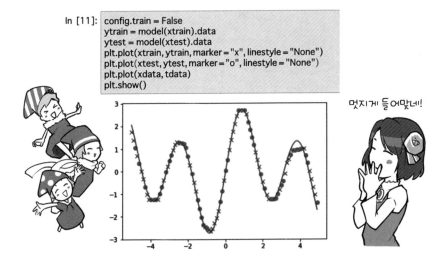

됐어! 됐어!

 회귀는 꽤 어려웠는데. 식별 문제는 어렵지 않다는 걸까?

 흐음~ 붓꽃의 예에서는 꽃받침과 꽃잎의 길이와 너비의 차이일 수 있어. 손글씨의 예에서는 검은색 부분과 하얀색 부분의 넓이로 문자의 차이를 보거나, 크기와 강약만으로도 어느 정도 분간할 수 있기 때문일 거야!

 흐음~ 이렇게 되면 다양한 문제의 배후에 있는 규칙이나 법칙을 찾고 싶어지는군!

마법 거울은 이미지를 기록해서 남길 수 있었던 것처럼, 우리가 준비한 숫자가 잔뜩 나열된 데이터를 **csv 파일로 기록**해 준다는 것이 판명되었다. 이 기능을 이용하면 우리가 준비한 데이터로부터 그 배후에 있는 법칙을 회귀 기술을 이용해서 밝힐 수 있다. 그때는 **pandas**라는 데이터를 읽어들이는 신을 호출하면 편리하다.

처음 호출할 때는 신의 제단 '터미널'에서

```
pip install pandas
```

의식을 시행할 필요가 있다.

이 의식을 마친 후에

```
(마법 주문: pandas 불러오기)
import pandas as pd
```

pandas 신은 pd로 생략하는 일이 많다고 한다. 어느새 완전히 신의 이름을 생략하는 데 저항감이 사라졌다는 게 신기하다.

마법 거울에 기록해 둔 csv 파일을 준비해 두고, 그 피일을 저장할 곳을 지정해서 다음과 같은 마법 주문을 써넣으면 자신의 데이터를 활용할 수 있다.

```
(마법 주문: CSV 데이터 읽어들이기)
data = pd.read_csv("파일을 저장한 곳.csv")
```

읽어들인 데이터는 pandas 신의 스타일로 작성되어 있다. 그대로 jupyter notebook에서 'dada'라고 입력하고 Shift 와 Enter 를 누르면 아름다운 표가 보이는데, 이 표는 pandas 신의 스타일로 csv 파일에 기록된 표를 정형한 것이다. 이 데이터를 numpy 신에게 넘겨서 데이터를 쉽게 다루려면 다음과 같이 한다.

```
(마법 주문: pandas 데이터에서 numpy로)
data = data.values.tolist()
data = np.array(data).astype(np.float32)
```

data.values.tolist( )로 수치로만 나열된 **리스트**라는 자료형으로 변환할 수 있다. 그리고 np.array를 이용해 numpy 신의 스타일로 다시 작성되면서 많은 수치를 한꺼번에 쉽게 조작할 수 있는 형태가 된다.
신경망으로 해석하기 위해서 data 중 일부를 입력이 되는 xdata로 이용할 경우에는 data에서 추출한다. 예를 들어, 표 안에서 왼쪽부터 N개를 입력할 때는 **xdata = data[:,0:N]**이라고 입력한다.

5-4 시계열 분석에 도전하기

 변화의 규칙을 맞출 수 있다면 미래도 예측할 수 있지 않을까?

 미래! 미래!

 현재 상태와 과거 상태를 아는 것만으로 미래를 예측할 수 있을까?

 시험해 보고 싶어. 고대인은 어쩌면 그걸로 미래를 예측해서 앞으로 무슨 일이 일어날지 알 수 있었을지도 몰라.

 하지만 우리는 점성술을 믿고 살아왔다고. 옛날 사람들이 더 앞섰다니 믿을 수가 없네!

조사 62일째

시간적으로 변동하는 데이터를 이용해서 앞으로 어떠한 미래가 기다리고 있는지 예측하는 **시계열 분석**에 도전했다. **지금 상태와 과거 상태로부터 미래가 정해진다는 가설**을 바탕으로 도전해 보기로 했다. 만약 다른 관련 요소가 있다면 그 요소를 차례로 받아들이는 경우에는 충분히 가능하다고 생각된다. 우선 늘 해 온 대로 신들을 소환하자.

```python
import numpy as np
import matplotlib.pyplot as plt

import chainer.optimizers as Opt
import chainer.functions as F
import chainer.links as L
from chainer import Variable,Chain,config
import princess as ohm
```

이어서 시계열 데이터를 다음과 같이 인공적으로 작성했다.

Chapter5-time.ipynb

(마법 주문: 시계열 데이터 작성하기)

```python
M = 100
time_data = np.linspace(0.0, 10.0, M)
value_data = np.sin(time_data) + 2.0*np.sin(2.0*time_data)
```

우선 time_data에는 M = 100개의 시각을 나타내는 등간격의 수치 데이터를 준비했고, 다음으로 그 시각에서의 수치를 나타내는 value_data를 준비했다. 이는 지난 번에 함수를 이용한 방법을 채용해서 실험했다.

신경망이 참고로 하는 입력은 xdata이다. xdata에 이전 시각의 수치와 그 전전 시각의 두 개의 수치를 입력하고 싶어서 다음과 같은 마법 주문을 준비했다.

```
Chapter5-time.ipynb
(마법 주문: 시계열 데이터 작성하기)
N = 2
xdata = []
tdata = []
for k in range(N,M):
    xdata.append(value_data[k-N:k])
    tdata.append(value_data[k])
xdata = np.array(xdata).astype(np.float32)
tdata = np.array(tdata).reshape(M-N,1).astype(np.float32)
```

지금까지 학습 상태를 기록할 때 이용한 리스트를 활용했다.

우선 xdata = [], tdata = []로 빈 리스트를 작성해 둔다. for문을 이용해 **이전 시각과 그 전전 시각이라는 두 개의 데이터를 xdata**의 리스트에 차례대로 추가하고, **tdata에는 지금 시각의 데이터**가 입력되도록 해서 작업을 반복했다. for문의 처음에 **range(M)**이 아니라 range(N,M)으로 되어 있는데, **처음 숫자는 N = 2부터 시작하고 M까지 반복**한다는 의미이다. 결국 2, 3, 4, …, 99라는 숫자가 k에 차례대로 대입된다. 시각을 2부터 해야 전전 시각이 0보다 작아지지 않는다.

for문의 내용은 xdata.append, tdata.append로 리스트에 추가한다. 소괄호(( )) 안에는 value_data[k-N:k]로 k-N부터 k까지, **N = 2의 경우에는 value_data[k-2]와 value_data[k-1], 이렇게 두 개**를 추가한다. 이 두 개의 수치가 xdata에 추가되고, **그 수치를 바탕으로 지금 시각의 수치인 value_data[k]를 예언하고 싶은 것이다.** 다시 말해서 이전 시각과 전전 시각의 수치를 참고로 한다. 이들 수치를 xdata, tdata에 리스트로 준비한 후 np.array를 통해서 numpy 신께 바친다. tdata의 형태는 .reshape를 이용해 세로로 M-N = 98개, 가로로 한 개의 데이터를 나열했다.

데이터 준비가 잘 됐어. 형태는 언제나처럼 마법 주문으로 확인!

```
Chapter5-time.ipynb
(마법 주문: 데이터의 형태 조사하기)
D, N = xdata.shape
print(D, N)
```

 하지만 이걸로 미래를 예언할 수 있으면 조상님들은 뭔가를 예측하고 마법 거울에 몸을 숨겼을 가능성이 충분히 있네.

 그렇다면 할아버지가 말한 '튤립을 보면 일단 도망쳐라.'라는 말과 관계가 있을까?

 튤립! 튤립!

 튤립에는 독도 없고 그렇게 무서운 건 아닌 것 같은데.

신경망은 조금 전과 마찬가지로 4층 신경망으로 하고, 시간적으로 변동하는 데이터로 이후의 변화를 예측하기로 했다.

Chapter5-time.ipynb

(마법 주문: 4층 신경망을 호출해서 함수화하기)

```
C = 1
H1 = 5
H2 = 5
H3 = 5
layers = {}
layers["l1"] = L.Linear(N, H1)
layers["l2"] = L.Linear(H1, H2)
layers["l3"] = L.Linear(H2, H3)
layers["l4"] = L.Linear(H3, C)
layers["bnorm1"] = L.BatchNormalization(H1)
layers["bnorm2"] = L.BatchNormalization(H2)
layers["bnorm3"] = L.BatchNormalization(H3)
NN = Chain(**layers)

def model(x):
  h = NN.l1(x)
  h = F.relu(h)
  h = NN.bnorm1(h)
  h = NN.l2(h)
  h = F.relu(h)
  h = NN.bnorm2(h)
  h = NN.l3(h)
  h = F.relu(h)
  h = NN.bnorm3(h)
  y = NN.l4(h)
  return y
```

magic!

최적화 기법도 지금까지와 마찬가지로 MomentumSGD로 했다. 고대인들에게 묻고
싶은 것도 있어서 CPU에 의한 최적화를 실행했다.

```
Chapter5-time.ipynb

(마법 주문: 최적화 기법 설정하기)
optNN = Opt.MomentumSGD()
optNN.setup(NN)
```

 그런데 지금까지 훈련 데이터는 적당히 뽑아서 이용했잖아.

 random 신께 부탁했었지.

 그렇다면 미래를 알고 있는 게 아니지 않아?

 그렇구나. 시각 10까지 알고 있는 시점에서 11 이후를 예상한다는 순서가 중
요하네.

 그럼 우리가 만든 마법도 조금 바꿔둘 필요가 있겠어.

지금까지 훈련 데이터와 시험 데이터를 나누기 위해 이용한 자작 마법을 고치기로 했다.

```
princess.py 변경하기

(마법 주문: 데이터 분할용 자작 마법 변경하기)
def data_divide(Dtrain, D, xdata, tdata, shuffle = "on"):
  if shuffle == "on":
    index = np.random.permutation(range(D))
```

```
⟳  elif shuffle == "off":
       index = np.arange(D)
   else:
       print("error")
   xtrain = xdata[index[0:Dtrain], :]
   ttrain = tdata[index[0:Dtrain]]
   xtest = xdata[index[Dtrain:D], :]
   ttest = tdata[index[Dtrain:D]]
   return xtrain, xtest, ttrain, ttest
```

인수로 shuffle을 준비했다. **if문**을 이용해서 **shuffle에 "on"이 들어간 경우**는 랜덤하게 순서를 바꾼 다음에 훈련 데이터와 시험 데이터를 나누도록 한다. **=를 2개 연달아 쓴 부분이 일반 식과는 다른 점에 주의**한다.

만약 shuffle이 "on"이 아닐 경우는 **elif문**으로 이어진다. shuffle=="off", 즉 **"on"이 아니고 "off"로 되어 있다면** 순서를 유지한 상태에서 훈련 데이터와 시험 데이터를 나누었다. else문은 마지막에 오고, on과 off 이외에 다른 것이 shuffle에 들어있으면 error가 표시된다. 이와 같이 **if, elif, else는 조건에 따라 대응을 바꿀 경우**에 이용한다. 콜론(:)를 깜박 잊으면 마법 거울이 화를 내므로 주의하자.

Chapter5-time.ipynb

(마법 주문: 학습 기록을 남길 장소 준비하기)

```
train_loss = []
test_loss = []
```

(마법 주문: 자작 마법으로 데이터 분할하기)

```
Dtrain = D//3
xtrain, xtest, ttrain, ttest = ohm.data_divide(Dtrain, D, xdata,
                                               tdata, "off")
```

```
data = [xtrain, xtest, ttrain, ttest]
result = [train_loss, test_loss]
```

이번에는 시간 순서가 중요한 케이스이므로 재빨리 다시 작성한 자작 마법에 인수 off
를 넣어두었다.

 이렇게 하면 문제없어!

 좋았어! 결계를 펼치자!

학습 횟수는 200번 정도로 충분했다.

Chapter5-time.ipynb

(마법 주문: 자작 마법으로 회귀용 결계 펼치기)
```
ohm.learning_regression(model, optNN, data, result, 200)
```

시간적으로 변화하는 데이터에 대해서도 회귀와 마찬가지로 수치의 변화를 바르게 예
측하면 되므로 learning_process_regression을 이용했다.
순조롭게 오차 함수가 내려가면 문제없다.

Chapter5-time.ipynb

(마법 주문: 오차 함수 표시하기)
```
ohm.plot_result2(result[0], result[1], "loss function",
                 "step", "loss function", 0.0, 5)
```

이걸로 올바른 행동을 예측할 수 있다면 대단한 일이야.

 점성술보다 멋진 기술을 조상님이 가지고 있지 않을까?

예측 결과는 회귀 문제일 때와 같이 표시한다.

```
Chapter5-time.ipynb
(마법 주문: 시간에 따라 변동하는 데이터의 결과 비교하기)
ytrain = model(xtrain).data
ytest = model(xtest).data
plt.plot(time_data[0:Dtrain],ytrain,marker = "x",
        linestyle = "None")
plt.plot(time_data[Dtrain:D],ytest,marker = "o",
        linestyle = "None")
plt.plot(time_data[0:D-N],value_data[N:D])
plt.show()
```

time_data에 대해서는 훈련에 이용한 전반 3분의 1의 0부터 Dtrain까지와 Dtrain부터 D까지로 나누었다. ytrain은 실제 데이터에 맞춘 결과이고, ytest는 그대로의 규칙으로 향후 움직임을 예측한 결과이다.

비교를 위해서 정답이 될 데이터 value_data[N:D]를 함께 표시했다.

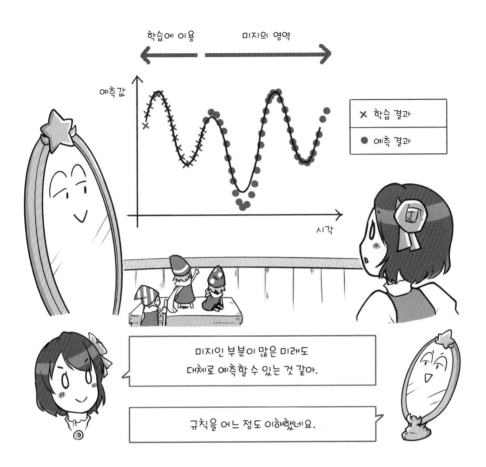

 대, 대단해! 제대로 예측했어.

 대체로 경향은 감 잡은 거 같아.

 감 잡았어! 감 잡았어!

 약간은 삐져나왔구나.

 분명히 참고로 한 훈련 데이터만으로는 그 진폭으로 움직인다고 정확히 예측할 수 없었을 거야. 그래도 성능이 굉장해!

5-5 거래 데이터 예측하기

조사 65일째

미래를 예측하는 능력을 가진 고대 문명. 그 능력으로 그들은 무엇을 예언했던 것일까? 조금 다른 각도에서 고대 문명에 접근해 보기로 했다.

'고대 문명은 장사를 잘하지 않았는가?'라는 아이디어를 이전에 제안했었다. 마법 거울 안에서 파이썬의 신들, 특히 numpy 신 등은 계산이 특기이고 한꺼번에 데이터를 다룰 수 있다는 데서 착안된 것이다. 실제로 상거래 등이 현대보다 복잡한 수준에서 이루어졌는지 조사하기로 했다.

파이썬 신들의 힘을 빌리는 것은 장소를 가리지 않는다.

'터미널'이라고 부르는 제단만 설치하면 누구나 어디서든지 소환할 수 있기 때문에 제단에서 의식을 행하면 된다. 이 신들을 매개로 멀리 떨어진 토지의 사람과도 정보를 교환할 수 있었을 것이라고 여겨진다.

실제로 고대인의 상거래에서 멀리 떨어진 토지끼리 자주 사고판 흔적이 있다. 매매에는 가격을 매기는 행위가 필요한데, 이때의 가격 변화에 대해 상세하게 기록되었다는 것을 알았다. 고대 문명에서는 벌채에 의한 가공업이 번창했고, 베어서 쓰러뜨린 나무가 몇 그루(株, 주)인지와 벌채한 목재 가격에 따라 고대인이 거주하는 토지의 가치가 정해지는 것 같다. 여기서 '주가'라는 신경 쓰이는 단어를 발견했다.

목재 수⋯, 목재 가격⋯, 주가라는 게 무엇일까?

아~ 할아버지한테 들은 적이 있어. 옛날에 난쟁이가 나무꾼을 했던 것 같아.

 나무꾼! 나무꾼!

 선조들의 시대도 나무를 해서 생계를 꾸려나갔던 걸까?

 벌채한 목재는 토지마다 다르니까 각각의 특색을 살려 필요에 맞게 사고팔았던 것 같아. 매일 모두 가격을 결정했고 그것을 '주가'라고 불렀나봐.

시간적으로 변동하는 데이터를 학습해서 미래의 변동을 예측할 수 있다. 그래서 고대인이 더듬어간 길을 따라가기로 했다. 우선 이 주가의 변동 기록을 이용하기로 했다.

늘 하던 것처럼 신의 집단을 호출하자.

Chapter5-stock.ipynb

(마법 주문: 필요한 모듈, 클래스 불러오기)
```
import numpy as np
import matplotlib.pyplot as plt

import chainer.optimizers as Opt
import chainer.functions as F
import chainer.links as L
from chainer import Variable, Chain, config

import princess as ohm
```

회귀할 준비를 한 후 주가 데이터를 불러온다.

```
Chapter5-stock.ipynb
```

(마법 주문: 붓꽃 데이터셋 읽어들이기)
```
import pandas_datareader.data as web
import datetime as dt
```

이 모듈을 이용하려면 역시 신의 제단 '터미널'에서 다음과 같은 의식을 행할 필요가
있다.

```
pip install pandas_datareader
```
그리고
```
pip install datetime
```

pandas_datareader의 신들은 **상거래에 관한 데이터**를 얻게 해 주는 신인데, 그 중
data 신의 힘을 빌린다. 호출할 때는 web이라는 이름으로 호칭하기로 했다. 다음으로
datetime 신은 **pandas_datareader에 날짜를 넘겨주기 위한 마법**을 건다.

```
Chapter5-stock.ipynb
```

(마법 주문: 기간을 지정한 상거래 데이터 획득하기)
```
start = dt.date(2005, 1, 1)
end = dt.date(2007, 12, 31)
web_data = web.DataReader("AMZN", "yahoo", start, end)
```

위의 마법으로 start에서 end까지의 기간 중에 이루어진 상거래 데이터를 가져올 수 있
다. 2005.1.1과 2007.12.31은 고대 문명의 역법에 의한 연.월.일이다. web.DataReader
로 데이터를 호출하는데. 첫 번째 인수인 **"AMZN"**은 **Amazon이라는 집단의 주가를
조사한다**는 의미이다. 이 경우 밀림이면 목재를 무제한으로 얻을 수 있다.
두 번째 인수인 **"yahoo"**는 **상거래 데이터를 보존하고 있는 장소를 가리키고 있어서**
어디에서 데이터를 이끌어낼 것인지 지정한다. '야후'는 나무를 벨 때 쓰는 구호일까?

어떤 데이터를 얻을 수 있는지 살펴보려면 그대로 web_data라고 입력하면 된다.

물론 print(web_data)로 해도 상관없지만, pandas_datareader는 이름 그대로 pandas 신과 깊은 관계가 있어서 pandas 신의 영향을 받아 데이터를 표 형태로 표시해 준다.

날짜(Date)뿐만 아니라 당일 거래 최고가(High)와 최저가(Low), 거래 시작 시 가격인 시가(Open), 거래 종료 시 가격인 종가(Close) 등 다양한 상거래 관련 수치를 얻을 수 있다.

 매일 끊임없이 거래가 됐네. 상업 활동이 활발했던 거지. 종가와 관련해서 시간적으로 변동하는 모습을 표시해 보자.

(마법 주문: 시간적으로 변동하는 모습 표시하기)
```
plt.plot(web_data["Close"])
plt.show()
```

 우와~ 굉장히 자주 변동되고 있구나.

 활발하네! 활발해!

 왠지 어떤 시기에 급격히 가격이 올라갔네.

 돌발적으로 무언가 사건이 있었을까? 이 이벤트가 어쩌면 고대 문명의 수수께끼를 풀어줄지도 몰라.

우선 이렇게 읽어온 주가의 변동 데이터로부터 시간에 따라 변동하는 데이터를 준비한다.

Chapter5-stock.ipynb

(마법 주문: 주식 데이터를 시간 변동 데이터에 준비하기)

```
value_data = web_data["Close"]
M = len(value_data)
```

시간에 따라 변동하는 데이터를 준비하면 나머지는 지금까지 경험한 대로이다.

Chapter5-stock.ipynb

(마법 주문: 이전 시각 데이터 입력하기)

```
N = 2
xdata = []
tdata = []
for k in range(N, M):
    xdata.append(value_data[k-N:k])
    tdata.append(value_data[k])
xdata = np.array(xdata).astype(np.float32)
tdata = np.array(tdata).reshape(len(tdata), 1).astype(np.float32)
```

어느 정도 데이터가 들어있는지 확인해 두면 자동으로 데이터 수 D와 고려할 요소 수 N이 항상 저장된다.

Chapter5-stock.ipynb

(마법 주문: 데이터의 형태 조사하기)

```
D,N = xdata.shape
print(D,N)
```

이전에 시험적으로 실행한 시간에 따라 변동하는 데이터에 대한 회귀와 마찬가지로 4층 신경망을 구성했다.

Chapter5-stock.ipynb

(마법 주문: 4층 신경망)

```
C = 1
H1 = 5
H2 = 5
H3 = 5
```

```
layers = {}
layers["l1"] = L.Linear(N, H1)
layers["l2"] = L.Linear(H1, H2)
layers["l3"] = L.Linear(H2, H3)
layers["l4"]=L.Linear(H3, C)
layers["bnorm1"] = L.BatchNormalization(H1)
layers["bnorm2"] = L.BatchNormalization(H2)
layers["bnorm3"] = L.BatchNormalization(H3)
NN = Chain(**layers)

def model(x):
  h = NN.l1(x)
  h = F.relu(h)
  h = NN.bnorm1(h)
  h = NN.l2(h)
  h = F.relu(h)
  h = NN.bnorm2(h)
  h = NN.l3(h)
  h = F.relu(h)
  h = NN.bnorm3(h)
  y = NN.l4(h)
  return y
```

최적화 방법은 지금까지와 마찬가지로 MomentumSGD를 이용했다. 데이터 분할에 대해서도 시간 순서를 유지하도록 shuffle = "off" 조건을 지정하여 절반은 훈련 데이터, 나머지 절반은 시험 데이터로 이용했다.

Chapter5-stock.ipynb

(마법 주문: 최적화 방법 설정하기)
```
optNN = Opt.MomentumSGD()
optNN.setup(NN)
```

```
(마법 주문: 학습을 기록할 장소 준비하기)
train_loss = []
test_loss = []
(마법 주문: 자작 마법으로 데이터 분할하기)
Dtrain = D//2
xtrain, xtest, ttrain, ttest = ohm.data_divide(Dtrain, D, xdata,
                                               tdata, "off")
data = [xtrain, xtest, ttrain, ttest]
result = [train_loss, test_loss]
```

이제까지와 마찬가지로 결계를 펼치고 시간에 따라 변동하는 주가를 적절히 예언할
수 있는지 검증해 보았더니 의외로 결과가 양호했다.

Chapter5-stock.ipynb

```
(마법 주문: 자작 마법으로 회귀용 결계 펼치기)
ohm.learning_regression(model, optNN, data, result, 2000)
(마법 주문: 오차 함수 표시하기)
ohm.plot_result2(result[0], result[1], "loss function", "step",
                 "loss function", 0.0, 2.0)
(마법 주문: 결과 표시하기)
ytrain = model(xtrain).data
ytest = model(xtest).data
time_data = np.arange(M-N)
plt.plot(time_data[0:Dtrain], ytrain, marker = "x", linestyle = "None")
plt.plot(time_data[Dtrain:D], ytest, marker = "o", linestyle = "None")
plt.plot(time_data[0:D-N], value_data[N:D])
plt.ylim([25,50])
plt.show()
```

np.arange(M−N)으로 0부터 M−N까지의 숫자를 나열하고 몇 번째 데이터인지 숫자
를 표시한다.

 우선 훈련 데이터 부분인데, 이건 문제없이 맞출 수 있어. 어느 정도 변화에 대해서도 학습했네.

 그래도 시험 데이터 부분은 꽤 어긋났는데.

 어긋났어! 어긋났어!

 아, 확실히 갑자기 변화한 부분에선 어긋났네.

 미래는 예측 불가능하다는 말일까!?

 예측 불가능! 예측 불가능!

 신경망의 한계일까? 좀 더 결계를 펼치는 시간을 길게 잡는 편이 좋을까?

아니, 정말 훌륭하구나!

 우리가 생각하지 못한 발상으로 여기까지 예측해냈어.

 오래 살고 볼 일이야. 우리는 ReLU를 쓰지 않고 깊은 신경망을 시험해 봤지만, 힘이 미치지 못했지. 잘 안 됐어.

 그런가? ReLU를 쓰지 않으면 깊은 신경망은 어렵군.

 왕궁 도서관 책을 읽어본 보람이 있네.

 여러 가지가 쓰여 있어서 어느 게 맞는지 고민해 왔던 일이 보답받은 걸까?

 해냈다! 해냈다!

 저기, 물어보고 싶은 게 있어요. 도대체 이때 무슨 일이 있었지요? 이 급격한 주가 변화는 무슨 일이 있었기 때문이죠?

 아? 그런 무서운 일은 떠올리고 싶지도 않군.

 많은 동료들이 뿔뿔이 흩어져갔지.

 우리는 마법 거울 속에 숨었지만, 그 친구들은…

 역시 큰일이 있었군요.

고대 문명이 쇠퇴한 데는 깊은 사연이 있는 것 같다. 그 사연을 밝혀낼 수 있을까?

주가를 예측하는 신경망

---

princess.py에 추가하기

회귀용 자작 모듈 추가하기

ln[1]:
```
def learning_regression(model, optNN, data, result, T = 10):
    for time in tqdm(range(T)):
        config.train = True
        optNN.target.cleargrads()
        ytrain = model(data[0])
        loss_train = F.mean_squared_error(ytrain, data[2])
        loss_train.backward()
        optNN.update()

        config.train = False
        ytest = model(data[1])
        loss_test = F.mean_squared_error(ytest, data[3])
        result[0].append(loss_train.data)
        result[1].append(loss_test.data)
```

데이터 분할용 자작 모듈 변경하기

ln[2]:
```
def data_divide(Dtrain, D, xdata, tdata, shuffle = "on"):
    if shuffle == "on":
        index = np.random.permutation(range(D))
    elif shuffle == "off":
        index = np.arange(D)
    else:
        print("error")
    xtrain = xdata[index[0:Dtrain], :]
    ttrain = tdata[index[0:Dtrain]]
    xtest = xdata[index[Dtrain:D], :]
    ttest = tdata[index[Dtrain:D]]
    return xtrain, xtest, ttrain, ttest
```

 조건에 따라 다르게 처리할 경우에는 if, elif, else문을 사용하자.

 각각 콜론(:)을 붙이는 걸 잊어서는 안 돼요.

필요한 모듈과 자작 마법집 호출하기

ln[3]:
```
import numpy as np
import matplotlib.pyplot as plt

import chainer.optimizers as Opt
import chainer.functions as F
import chainer.links as L
from chainer import Variable,Chain,config

import princess as ohm
```

 항상 정해진 모듈들이네.

 불러와서 사용하지 않는 모듈이 있어도 신경 쓰지 말고 항상 세트로!

상거래 데이터 불러오기

ln[4]:
```
import pandas_datareader.data as web
import datetime as dt

start = dt.date(2005, 1, 1)
end = dt.date(2007, 12, 31)
web_data = web.DataReader("AMZN", "yahoo", start, end)
```

 DataReader를 사용하면 주가를 불러올 수 있지.

 "AMZN" 이외에 다른 회사의 주가를 보고 조합해도 재미있어요.

주가 데이터를 시간 변동 데이터로!

ln[5]:
```
value_data = web_data["Close"]
M = len(value_data)
```

전 시간의 데이터 입력하기

```
N = 2
xdata = []
tdata = []
for k in range(N, M):
    xdata.append(value_data[k-N:k])
    tdata.append(value_data[k])
xdata = np.array(xdata).astype(np.float32)
tdata = np.array(tdata).reshape(len(tdata), 1)\
        .astype(np.float32)
```

 k-N:k로 k-N부터 시작해서 k 바로 앞까지의 요소를 추출할 수 있구나!

 바로 앞까지라는 점에 주의!

4층 신경망의 설정을 호출해서 함수화하기

ln[6]:
```
C = 1
H1 = 5
H2 = 5
H3 = 5
layers = {}
layers["l1"] = L.Linear(N, H1)
layers["l2"] = L.Linear(H1, H2)
layers["l3"] = L.Linear(H2, H3)
layers["l4"] = L.Linear(H3, C)
layers["bnorm1"] = L.BatchNormalization(H1)
layers["bnorm2"] = L.BatchNormalization(H2)
```

```
layers["bnorm3"] = L.BatchNormalization(H3)
NN = Chain(**layers)

def model(x):
  h = NN.l1(x)
  h = F.relu(h)
  h = NN.bnorm1(h)
  h = NN.l2(h)
  h = F.relu(h)
  h = NN.bnorm2(h)
  h = NN.l3(h)
  h = F.relu(h)
  h = NN.bnorm3(h)
  y = NN.l4(h)
  return y
```

 **laysers가 뭐지?

 layers = {}부터 이후에 준비된 신경망의 사전을 이용한다고 지정하는 작성법이에요.

최적화 방법 설정하기

ln[7]:
```
optNN = Opt.MomentumSGD()
optNN.setup(NN)
```

데이터와 학습 기록을 남길 장소 준비하기

```
train_loss = []
test_loss = []
```

```
Dtrain = D//2
xtrain,xtest,ttrain,ttest = ohm.data_divide(Dtrain, D, xdata,
                                            tdata, "off")
data = [xtrain, xtest, ttrain, ttest]
result = [train_loss, test_loss]
```

 "off"로 설정해서 시간 순서를 유지한 채 데이터를 분할하네.

 시계열 데이터를 해석할 때는 주의해야 하죠.

자작 마법으로 회귀용 결과 펼치기

ln[8]:
```
ohm.learning_regression(model, optNN, data, result, 2000)
```

결과를 비교할 자작 마법
```
ohm.plot_result2(result[0], result[1], "loss function", "step",
                 "loss function", 0.0, 2.0
```

 회귀일 때는 오차 함수를 보는구나.

 수치가 맞는지 보여주는 게 오차 함수죠!

결과 표시하기

ln[9]:
```
ytrain = model(xtrain).data
ytest = model(xtest).data
time_data = np.arange(M-N)
plt.plot(time_data[0:Dtrain], ytrain, marker = "x",
         linestyle = "None")
plt.plot(time_data[Dtrain:D], ytest, marker = "o",
         linestyle = "None")
plt.plot(time_data[0:D-N], value_data[N:D])
```

```
plt.ylim([25, 50])
plt.show()
```

 저기 말이야, 왜 model에 .data를 붙이는 거야?

 chainer를 이용한 계산은 Variable형이 되지요. 거기서 수치를 꺼내기 위해서 붙이는 거예요.

왕비님의 고민

```
np.array(tdata).reshape(len(tdata), 1)\
.astype(np.float32)
```

라고 되어 있는데, 사실은 이렇게 쓰고 싶었어!

```
np.array(tdata).reshape(len(tdata), 1).astype(np.float32)
```

노트에 한 줄로 마법 주문을 다 쓸 수 없을 때는 **백슬래시(\)**를 붙여서 줄을 바꿀게.

그대로든, 빼든, 마법 거울에는 잘 통해.

제 6 장

심층 학습의 비밀

난쟁이들 외에는 대화가 서툰 백설공주

6-1 일반 물체 인식에 도전하기

유적이 된 그 장소에 묻혀 있던 마법 거울. 난쟁이들의 조상인 듯한 고대인들. 난쟁이의 조상들은 그 마법 거울 안으로 숨어서 살아남은 것 같습니다.

이번에는 고대 문명에 예전에 어떠한 것이 존재했는지, 그 단서가 데이터셋 안에 잠들어 있는지 다른 데이터셋을 탐색해 봤습니다.

조사 70일째

CIFAR10이라는 데이터셋을 발견했다. CIFAR10은 일반 물체 인식 과제에 이용되는 데이터셋이라고 고문서에 나와 있었다. 수많은 이미지 데이터를 집적한 데이터셋을 학습해서 그곳에 무엇이 비쳐 보이는지 식별할 수 있도록 하는 것이 목표라고 한다. 결국 이 데이터셋에는 오래 전 고대 문명에 존재했던 물건이 들어있는 것이므로 흥미 진진해서 그 데이터넷을 열어보기로 했다. 우선 언제나처럼 신을 호출하는 일부터 시작했다.

```
Chapter6-CIFAR.ipynb

(마법 주문: 심층 학습에 필요한 모듈+자작 마법집)
import numpy as np
import matplotlib.pyplot as plt

import chainer.optimizers as Opt
import chainer.functions as F
```

```
import chainer.links as L
import chainer.datasets as ds
import chainer.dataset.convert as con
from chainer import Variable, Chain, config, cuda

import princess as ohm
```

그리고 주제가 되는 일반 물체 식별을 위한 데이터셋을 chainer의 신들의 하나인 datasets, 줄여서 ds님께 부탁해서 가져온다. 정말 이렇게까지 친숙해지면 애칭으로 부르고 싶어진다.

Chapter6-CIFAR.ipynb

(마법 주문: 일반 물체 인식 데이터셋 불러오기)

```
train, test = ds.get_cifar10(ndim = 3)
xtrain, ttrain = con.concat_examples(train)
xtest, ttest = con.concat_examples(test)
```

ds.get_cifar10으로 일반 물체 식별을 위한 데이터셋을 호출한다. 좀 더 종류가 많은 cifar100도 이용할 수 있는 것 같다. 인수 ndim = 3이 있는데, 이 인수는 cifar100이 색 정보를 가진 이미지 데이터라는 데에서 기인한다. 채널 수로 부르는 수만큼 세로와 가로로 나열된 이미지 데이터가 있다. **채널 수, 세로, 가로의 세 가지 축**이 있다는 의미로 ndim = 3이 되는데, 고대인은 이를 '차원'이라고 하는 것 같다.

 채널 수는 무엇일까?

 빨간색, 녹색, 파란색인 Red, Green, Blue의 RGB 3색을 이용해 이미지를 표시하는데, 이 세 가지 정보가 하나의 픽셀에 잠들어 있어요.

아아, 혹시 빛의 3원색?

 맞아요. 그 세 가지 색의 강도로 색을 지정하지요.

 그렇구나! 이 픽셀은 색을 낼 때 이렇게 세 가지 수치를 사용해 표시하는구나.

복수의 채널을 가지고 있으므로 각각 나누어 기록되어 있다. 어떤 형태의 데이터인지
다음 마법 주문을 써서 조사하면 잘 알 수 있다.

```
Chapter6-CIFAR.ipynb

(마법 주문: 데이터의 크기 인식하기)
Dtrain, ch, Ny, Nx = xtrain.shape
print(Dtrain, ch, Ny, Nx)
```

 3원색을 이용한다는 게 Dtrain은 50000! ch는 3, 이건가? 세로 Ny = 32,
가로 Nx = 32인 이미지라는 말이구나.

 '3채널'이라고 말하기도 해요. 어떤 픽셀에는 세 종류의 정보가 있는 말이니까
단서도 많이 있는 거죠.

 약간 작성법이 달라지지만, 이미지 표시 방식은 그대로 쓸 수 있겠어.

```
(마법 주문: 시험 삼아 이미지 출력하기)
plt.imshow(xtrain[0, :, :, :].transpose(1, 2, 0))
plt.show()
```

 뭐지? 저 transpose는?

순서를 바꾸는 마법이야. 지금은 ch, Ny, Nx 순으로 나열되어 있지만, plt. imshow에는 Ny, Nx, ch 순으로 들어가야 해. 넣은 숫자가 원래 모양일 때의 순서를 나타내고 있는데, 첫 번째는 1이니까 Ny, 두 번째는 2니까 Nx, 세 번째는 0이므로 ch에 해당하는 것이 나열되도록 변형할 수 있어. 그렇지만 파이썬에서 0이 첫 번째이고, 1이 두 번째라는 뜻이어서 좀 이해하긴 어렵지.

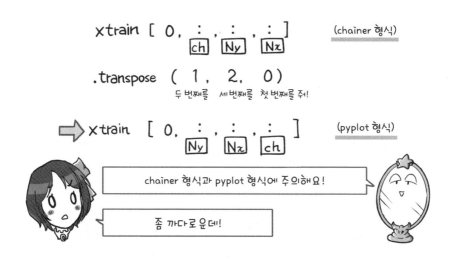

오오~ 뭔가 나왔다! 이게 고대 문명의 그림인가?

으음~ 그렇네. 잘 모르겠어. 이게 뭘까?

 멀리서 보지 않으면 모르겠네. 개구리인가? 고대 문명에 관련된 데이터셋에도 개구리가 기록되어 있는 것 같아.

 적어도 이렇게 해서 과거의 모습도 볼 수 있구나. 이거 편리한걸. 좋아, 모처럼이니 이 마법 거울에 CIFAR10 데이터셋을 학습시켜! 고대 문명에 관해 떠올리게 해 보자. 신경망을 어서 만들자!

 하지만 다른 이미지도 살펴보면 상당히 제각각이야.

 고대 문명의 모습을 알기 시작했지만…

꽤 어려운 식별 과제네요.

제각각이네! 제각각이야!

 그러게. 손글씨나 패션의 경우와는 또 다르네.

 으음, 이건 보통 수단으론 안 될 거 같아.

 설마, 너희들… 그런 어려운 과제에 도전하는 거냐?

 우리 때는 단념했었지.

 아무리 작업을 반복해도 나아지지 않았어.

 역시 어렵군요.

 그 시절엔 점성술이 유행하기 시작했지.

 아, 그래서 우리 할아버지는 점성술을 전해 준 건가?

 하지만 난 신경망에는 좀 더 연구할 여지가 있을 거 같아.

 흐음~ 너희들은 주가 예측도 그만큼 잘 해냈으니…

 어쩌면 이 아이들이라면…

6-2 합성곱 신경망

이번 목표의 수준이 매우 높다는 것을 점차 깨닫게 되었다.

이미지는 상당히 제각각이었고, 형태와 보는 각도도 각양각색이었다. 비행기라는 새처럼 생긴 형태를 한 것과 말이 없이 달리는 수레, 새나 고양이, 사슴을 비롯해서 개구리나 말, 바다에 뜨는 배, 커다란 형태의 수레와 같은 트럭 등 열 종류나 되었다.

본 적이 없어도 우리는 그것이 무엇인지를 아는 범위에서는 이해할 수 있다. 인간의 능력이 살아온 인생에서 학습한 성과임을 상상하면 마법 거울에 이 데이터셋을 보여주어 같은 능력을 획득할 수도 있을 것이다. 선조들은 어려운 일이라고 했지만, 비책이 있다.

이미지 식별 문제에 효과적인 **합성곱 신경망**이라는 방법을 알려주셨다.

합성곱 신경망에서는 복수의 채널로 나뉜 이미지에 대해서 각 채널마다 어떤 픽셀 주변의 픽셀과의 조합만 고려한 후 조합 결과를 중간 계산 결과로 산출한다. 지금까지 이용한 선형 변환은 **전결합 신경망**으로 부르는데, 모든 요소를 데이터의 중요한 요소로 생각해서 전체를 조합하도록 구축되었다.

반면 합성곱 신경망은 근방의 픽셀만 다루는 신경망이기 때문에 이미지의 특징을 포착하기 쉽다.

어느 정도로 넓은 범위의 픽셀을 다룰지를 '**커널 사이즈(ksize)**'라고 부르고 지정할 수 있는데, 이번에는 ksize = 3으로 지정했다. 합성곱 신경망은 주변 픽셀만 다룸으로써 이미지의 색뿐만 아니라 색의 급격한 변화 등 형태를 찾아낸다는 특징이 있다.

```
Chapter6-CIFAR.ipynb

(마법 주문: 2층 합성곱 신경망 설정하기)
C = ttrain.max() + 1
H1 = 10

layers = {}
layers["conv1"] = L.Convolution2D(ch, H1, ksize = 3, stride = 1,
                                  pad = 1)
layers["bnorm1"] = L.BatchRenormalization(H1)
layers["l1"] = L.Linear(None, C)
NN = Chain(**layers)
```

L.Convolution2D가 합성곱 신경망을 이용하는 부분이다. 최초의 인수는 입력되는 채널 수이므로 ch로 했다. 출력되는 채널 수도 지정할 수 있는데, 이제까지 다루었던 Linear와 마찬가지로 채널 수가 많으면 중간 계산 결과를 풍부하게 갖는다.

합성곱 신경망에서는 커널 크기(ksize = 3)에 맞게 주변 픽셀의 데이터를 조합하는 작업을 **가로나 세로로 조금씩 움직이면서 반복한다.** 다음에 계산할 장소로 갈 때까지 **얼마나 움직이는지 나타내는 거리를 '스트라이드'**라고 부르는데, 여기서는 stride = 1로 지정했다.

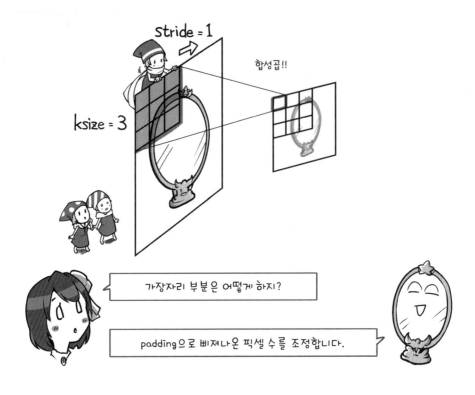

이렇게 점점 이동하다가 가장자리 근처에서는 어떻게 처리하는지가 마음에 걸렸다. 이 처리를 결정하는 것이 **패딩**인데, 여기서는 pad = 1로 지정했다. **가장자리는 공백을 pad = 1개 준비해서 채워둔다**고 설정할 수 있다.

이렇게 해서 생긴 합성곱 신경망 독자 계산을 다음으로 넘기지만, 그 수가 얼마나 되는지는 약간 명확하지 않다. 마지막은 결과를 모아 C = 10개의 수치를 내보내려고 한다.

그래서 Linear(None, C)라는 것을 추가했다. 지금까지는 선형 변환에서 받을 데이터 수를 지정해 왔지만, 어느 정도의 수가 올지 모를 때는 **None으로 입력해 두면 적절하게 맞춰서 받아준다**. 이것은 매우 편리한 기능이다.

BatchRenormalization은 합성곱 신경망에 붙여 도입할 경우 **채널 수를 그대로 쓰면** 대응해 준다.

다음으로 합성곱 신경망에서는 추가 조작으로 **풀링**을 도입하는 일이 있다. 풀링은 가까이 있는 픽셀의 데이터끼리 **다수결을 취하는 것**에 해당한다. 합성곱 신경망을 경유하면 기본적으로는 가까운 픽셀의 데이터로 계산된 결과가 위치 관계를 그대로 유지한 채 나온다. 예를 들어, 이 그림에는 개가 있다고 판정하고 싶을 때 어디어디를 보면 개처럼 생긴 동물이라는 결과가 합성곱 신경망에서 몇 개나 나온다. 가까운 것부터 나온 결과를 비교하고 정리하면 확실히 그것이 개라는 것처럼 결과를 이끌어낼 수 있을 것이라는 발상이다.

풀링을 중간에 끼워넣어 신경망에 의한 힘수를 나음과 같이 구성했다.

```
Chapter6-CIFAR.ipynb

(마법 주문: 풀링층 도입하기)
def model(x):
  h = NN.cnn1(x)
  h = F.relu(h)
  h = NN.bnorm1(h)
  h = F.max_pooling_2d(h, ksize = 3, stride = 2, pad = 1)
  h = NN.l1(h)
  return y
```

magic!

여기서는 가까운 것에서 최댓값을 갖는 곳을 찾는 **F.max_pooling_2d**를 도입했다. 그 밖에도 **평균값을 이용해 결과를 도출하는 F.average_pooling_2d** 등 다양한 풀링 조작을 functions 신의 힘으로 실현할 수 있다. 합성곱 신경망도, 풀링도 기본적으로는 그림의 크기를 줄이는 방법이다. 합성곱 신경망의 경우에는 크기를 작게 하면 동시에 채널 수를 늘려서 다양한 관점을 제공해 준다.

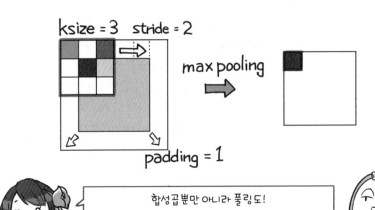

 이미지 데이터에 대해서 이만큼의 연구를 거듭한 신경망이니까. 최적화도 상당히 힘들다는 건 알지만, 한번 해 보자.

 GPU! GPU!

 우리가 나설 차례네!

 잘 부탁해!!

Chapter6-CIFAR.ipynb

(마법 주문: GPU 설정하기)
```
gpu_device = 0
cuda.get_device(gpu_device).use()
NN.to_gpu(gpu_device)
```

 좋아! 이번에는 내가 나설 차례구나! 맡겨줘!

합성곱 신경망은 앞에서 설명한 대로 구조가 복잡하므로 최적화에 상당한 시간이 걸릴 것으로 판단해 GPU를 이용하기로 했다.

최적화 방법은 지금까지처럼 설정했다.

Chapter6-CIFAR.ipynb

(마법 주문: GPU 설정하기)

```
optNN = Opt.MomentumSGD()
optNN.setup(NN)
```

학습 기록 및 학습에 이용하는 데이터도 늘 하던 대로 준비하고 이제까지처럼 학습시키려고 직접 만든 마법을 적어 넣은 후 실행했다.

Chapter6-CIFAR.ipynb

(마법 주문: 학습 기록 및 데이터 준비하기)

```
train_loss = []
train_acc = []
test_loss = []
test_acc = []
data = cuda.to_gpu([xtrain, xtest, ttrain, ttest], gpu_device)
result = [train_loss, test_loss, train_acc, ,test_acc]
```

(마법 주문: 결계를 펼치는 자작 마법)

```
ohm.learning_classification(model, optNN, data, result, 100)
```

하지만 결과가～

어머?

자, 잠깐 공주! 한꺼번에 외울 수 없어. 기다려!

 기다려! 기다려!

 왜 그래? 아직 결계조차 펼치지 않았는데!

 하지만 머릿속에 여러 가지 이미지가 우르르 들어온다니까? 한 번에 다 기억할 수는 없잖아!

 그런가? 한 번에 대량의 데이터에 맞추려는 건 무리인가? 이 정도의 수이고 더구나 크기도 점점 증가했으니.

 아아, 확실히~ 이렇게 나왔네요.

```
CUDARuntimeError: cudaErrorMemoryAllocation: out of memory
```

 out of memory, 메모리 부족?

 기억 용량 부족이라는 말이지요. 다 기억할 수 없다는 거예요. 다른 GPU라면 기억할 수도 있지만요.

 무리야! 무리!

 우리들 사이에 그런 차이는 없을 거 같은데.

 그렇지? 어떻게 하면 좋을까?

 늙은이가 하는 말이지만… **모든 것을 가지지 말고 어쨌든 배워라.**

그거다! 고대로부터의 전언!! 하지만 그게 무슨 말일까?

 아아~ 한꺼번에 하면 무리니까 할 수 있는 것부터 조금씩 하면 된다는 말 아닐까?

6-3 확률 경사법의 등장

데이터가 많은 경우의 신경망 최적화에는 메모리가 필요하다는 문제가 있다는 것을 알았다. 한꺼번에 여러 가지를 고려할 수 없다는 말이다.

'모든 것을 가지지 말고 어쨌든 배워라.'라는 격언처럼 우선 데이터를 작게 분할하기로 했다. 고문서에도 **'확률 경사법'**이라는 이름으로 같은 아이디어가 등장한다. 원래 최적화 기법에 있는 SGD나 MomentumSGD의 SGD는 **'Stochastic Gradient Descent'** **의 줄임말로, '확률 경사법'이라는 뜻이다.**

여기서 이용되는 마법이 chainer의 신들 중 iterators로 분류되는 **시리얼 이터레이터 (Serial Iterator)**인데, 그의 힘을 빌리는 게 좋다고 판단했다.

우선 시작할 때 파이썬 신에게 기원하는 부분에 이터레이터 신을 호출하도록 추가했다.

Chapter6-CIFAR.ipynb에 추가하기

(마법 주문: 시리얼 이터레이터 호출하기)

```
from chainer.iterators import SerialIterator as siter
```

데이터를 한 번에 모두 넘기는 것을 피하기 위해서 일단 data = cuda.to_gpu([xtrain, xtest, ttrain, ttest], gpu_device)를 제거한다. 학습을 계속 진행하기 전에 사전 준비를 위해 ohm.learning_classification(model, optNN, data, result, 100)도 일단 제거한다.

Chapter6-CIFAR.ipynb 변경하기

(마법 주문: 학습 기록 준비하기)
```
train_loss = []
train_acc = []
test_loss = []
test_acc = []
result = [train_loss, test_loss, train_acc, test_acc]
```

시리얼 이터레이터는 **데이터셋으로부터 정해진 수만큼 차례대로 데이터를 보내 학습 페이스를 만들어주는 마법**이다. 요컨대 계산 연습 문제를 만들어주는 것이다. 단번에 100개의 계산 문제를 풀게 하는 게 아니라 한 문제씩 나누어 출제해 준다. 마법의 사용법은 지극히 단순하다.

Chapter6-CIFAR.ipynb

(마법 주문: 데이터셋 작게 나누기)
```
batch_size = 5000
train_iter = siter(train, batch_size)
```

batch_size는 얼마만큼의 데이터를 한 번에 다룰지 지정한다. CIFAR10의 경우는 5만 개의 훈련 데이터가 있으므로 5,000개씩 열 번으로 나눠 보내도록 지정했다. 지정한 대로 **훈련 데이터를 5,000개씩 나눠 보내는 것이 시리얼 이터레이터의 역할**이다.

반복해서 5,000개씩 보내고, 이 5,000개에 대해서 지금까지와 같이 학습하기로 한다. 파이썬의 while문을 이용해서 5,000개씩 보내는 것을 반복하라고 지시했다. **while문은 for문과 같이 오직 같은 일을 반복하라는 의미이다.**

```
(마법 주문: 확률 경사법에 의한 최적화하기)
nepoch = 20
while train_iter.epoch < nepoch:
  batch = train_iter.next()
  xtrain, ttrain = con.concat_examples(batch)
  data = cuda.to_gpu([xtrain, xtest, ttrain, ttest])
  ohm.learning_classification(model, optNN, data, result, 1)
```

nepoch = 20으로 20번 반복한다는 의미이다. 단, while문에서는 종료 조건을 부과할 수 있다. 5,000개씩 데이터를 나누어 5만 개의 **훈련 데이터를 모두 보여주는 기간을 '에폭'**이라고 부른다. **몇 번째의 에폭인지 조사하는 train_iter.epoch이라는 마법을 이용**해서 nepoch = 10번째 에폭이 끝나면 while문 안에 있는 반복을 마치도록 했다.

이 반복문 안에서 **데이터를 나누고 차례차례 보내는 역할을 맡은 것이** train_iter.**next()**이다. 여기서 신경망 최적화를 위해 다음 5,000개의 데이터를 준비해 준다. 준비된 데이터를 **convert 신의 힘으로** con.concat_examples(batch)로 **다시** xtrain**과** ttrain**으로 나눈다.** 이어서 cuda.to_gpu([xtrain, xtest, ttrain, ttest])로 GPU로 **보내고,** 지금까지 하던 대로 자작 마법의 하나인 ohm.learning_classification으로 **신경망 최적화**에 이용한다.

이와 같이 한 번에 모든 데이터를 갖지 않고 '배치'라고 부르는 몇 개의 작은 덩어리로 나누어 학습을 진행하는 방법을 '**배치 학습**'이라고 한다. 그리고 랜덤하게 데이터를 선택하고 신경망의 최적화를 진행하는 방법을 '**확률 경사법**'이라고 한다.

모든 데이터를 다 나눠주면 train_iter.epoch이 하나 증가하고 이것이 시계 바늘 역할을 한다.

진, 진짜야? 그렇게 반복 계산 연습 문제를 풀 듯 신경망을 최적화시킬 수 있는 거야?

 그래도 잘하는 작업이니까 부탁해!

 부탁해! 부탁해!

 훈련 데이터의 일부만 보고 과감히 신경망을 조정한나니 대담한데.

 전체 훈련 데이터를 일괄적으로 보여주는 것은 여러 가지 데이터를 보는 것이니까.

 전체의 경향을 가르치게 되겠네.

 일부만 잘라 나눠서 보여주면 그 경향에서 벗어나니까!

 벗어나! 벗어나!

 그렇다면 안장점에서도 벗어날까?

 빨리 눈을 뜰지도?! 그걸 이용해서 일반화 성능이 있는 신경망으로 단련할 수 있을지도 몰라.

 뭐 어려운지는 잘 모르겠지만 할 만한 가치가 있다는 건가?

 가치가 있어! 가치가 있어!

 힘내라!

 이 아이들이라면 해 줄 것 같아! 도와줘야지.

오랜 시간이 걸려 신경망 최적화를 마치자, 1층 합성곱 신경망을 이용하면 CIFAR10에 대해 60% 정도의 식별 정밀도를 얻을 수 있음을 확인할 수 있었다. 오차 함수와 식별 정밀도를 표시하는 절차는 다음과 같다.

```
Chapter6-CIFAR.ipynb

(마법 주문: 학습 결과 살펴보기)
ohm.plot_result2(result[0], result[1], "loss function", "step",
                "loss function", 0.0, 4.0)
ohm.plot_result2(result[2], result[3], "Accuracy", "step",
                "accuracy")
```

배치 크기를 계속 조정해서 몇 번 실험해 보니 배치 크기가 작을수록 일반화 성능이 좋아지는 경향이 있음을 발견했다. 하지만 그만큼 최적화 시간이 오래 걸린다는 부분은 고민스럽다.

 확률 경사법을 이용해 어떻게든지 학습을 진행할 수 있었지만, 좀처럼 정밀도가 올라가지 않네.

 좀 더 다양한 신경망을 시험해 봐야 하지 않을까?

 도전! 도전!

 chainer의 신들의 힘을 빌리면 그렇게 어려운 일은 아닐 것 같아.

그래. 도전해 보자. 그 전에 편리한 기능을 추가해도 될까?

 어??

지금까지 결계를 펼칠 때마다 '앞으로 시간이 얼마나 걸릴까?' 하고 걱정했다. 난쟁이 들이 도와주고 있지만, 이대로 계속해도 되는지 불안해진다. 그런데 어느 정도 시간이 걸리는지 조사해 주는 마법을 고문서에서 발견할 수 있었는데, 그 마법은 tqdm이다. 우선 신을 호출하는 마법 주문에 다음의 문구를 추가한다.

princess.py에 추가하기

(마법 주문: 남은 시간 표시 준비하기)

```
from tqdm import tqdm
```

tdqm 신을 호출한 후에 다음과 같이 자작 마법의 일부를 조금 변경한다. **for time in range(T): 부분에 tqdm을 넣기만 하면** 남은 시간이나 1초당 얼마만큼의 횟수로 신 경망을 조정했는지 진행 상황이 명확해진다.

또 앞으로는 몇 번이고 신경망 조정이 이루어지므로 전체 데이터셋을 학습하는 1epoch 단위로 결과가 기록되도록 변경했다. [Tab] 으로 밀었던 result[k]를 for문과 같은 위치까지 되돌린다.

princess.py 변경하기

(마법 주문: 몇 가지 자작 마법을 확률 경사법에 대응시키기)

```
def learning_regression(model, optNN, data, result, T = 10):
  for time in tqdm(range(T)):
    config.train = True
    optNN.target.cleargrads()
    ytrain = model(data[0])
    loss_train = F.mean_squared_error(ytrain, data[2])
    loss_train.backward()
```

⇨⇨
```
      optNN.update()
```

⇦ 들여쓰기 해제

```
  config.train = False
  ytest = model(data[1])
  loss_test = F.mean_squared_error(ytest, data[3])
  result[0].append(cuda.to_cpu(loss_train.data))
  result[1].append(cuda.to_cpu(loss_test.data))

def learning_classification(model, optNN, data, result, T = 10):
  for time in tqdm(range(T)):
    config.train = True
    optNN.target.cleargrads()
    ytrain = model(data[0])
    loss_train = F.softmax_cross_entropy(ytrain, data[2])
    acc_train = F.accuracy(ytrain, data[2])
    loss_train.backward()
    optNN.update()
```

⇦ 들여쓰기 해제

```
  config.train = False
  ytest = model(data[1])
  loss_test = F.softmax_cross_entropy(ytest, data[3])
  acc_test = F.accuracy(ytest, data[3])
  result[0].append(cuda.to_cpu(loss_train.data))
  result[1].append(cuda.to_cpu(loss_test.data))
  result[2].append(cuda.to_cpu(acc_train.data))
  result[3].append(cuda.to_cpu(acc_test.data))
```

이거 편리한걸. 앞으로 얼마나 있어야 결계가 풀리는지 눈에 보이니 말이야. 조금은 마음이 편해지네.

 마음이 편해! 마음이 편해!

 우리도 언제쯤 끝날지 예상할 수 있으니 커피라도 한 잔 할 수 있겠어!

 어어! 잠깐 기다려!!

6-4 더 깊은 네트워크를 만들기 위해

 깊은 신경망을 만들려면 주문이 점점 복잡해지기 때문에 정리해서 쓸 수 있어야 해.

 마법 주문의 분량도 꽤 늘었구나.

 정리정돈! 정리정돈!

 여기는 역시 자작 마법을 사용하는 게 좋겠지?

 드디어 이쯤에서 사용할 때가 온 것 같아. 클래스를 이용하자.

 클래스를?

 응, 파이썬의 정말 멋진 점은 자작 마법을 사용하는 것뿐만 아니라, 그 마법의 힘을 계승한 천사를 만들어낼 수 있다는 거야.

 에에에엣!!

 천사! 천사!

 예를 들어, 합성곱 신경망을 낳는 천사를 만들어낼 수 있는 거지.

 그 천사에게 맡기면 합성곱 신경망도 점점 깊고 커다란 게 만들어진다는 건가?

그렇지. 파이썬을 조사하기 시작한 무렵에 발견했지만, 개념도 잘 모르겠고 좀 어렵구나 싶어서 피해왔는데, 지금이라면 할 수 있을 것 같은 기분이 들어. 이제 파이썬에도 꽤 익숙해졌으니까.

 어떤 식으로 쓰는 거야? 우와, 이게 뭐야?

 이해하긴 좀 어려워. 하지만 하나하나 읽으면서 이해해 보자.

파이썬으로는 신들의 마법을 구사할 뿐만 아니라 **마법의 힘을 이어받은 천사를 만들어낼 수도 있다.** 이 천사를 가리켜 '클래스'라고 부르는데, chainer의 신들의 동료 중에도 Variable이나 Chain 등 **클래스**라고 부르는 천사가 이미 있었다.

합성곱 신경망을 만드는 천사를 이곳에서 만들어낸다.

우선 합성곱 신경망에서 L.Convolution2D뿐만 아니라 F.relu와 L.BatchNormalization, 다시 F.max_pooling과 같은 일련의 마법을 연속으로 사용하는 점은 매우 번거롭다. 그래서 일련의 마법을 사용하는 천사를 만들어내기로 했다.

princess.py에 추가하기

```
(마법 주문: 합성곱 신경망의 클래스 만들기)
class CNN(Chain):
  def __init__(self, ch_in,ch_out,
               ksize = 3, stride = 2, pad = 1, pooling = True):
    self.pooling = pooling
    layers = {}
    layers["conv1"] = L.Convolution2D(ch_in, ch_out, ksize = ksize,
                                      stride = stride, pad = pad)
    layers["bnorm1"] = L.BatchNormalization(ch_out)
    super().__init__(**layers)                    (계속)
```

우선 여기까지 해서 무슨 일이 일어나는지 설명해 둔다. **class CNN이라는 부분은 CNN이라는 이름의 천사를 만들어낸다**고 선언하고 있다.

이어서 **(Chain)**이라고 되어 있는 것은 chainer의 신들이 남긴 **Chain이라는 천사의 능력을 계승한다**는 뜻이다. 다시 말해서 우리가 0부터 독자적으로 만들어낸 천사가 아니라 다른 천사의 능력을 이어받아 이용할 수 있고, 이렇게 함으로써 강력한 마법을 가진 천사를 만들어낼 수 있다.

계속해서 **def __init__** 부분에서는 우리가 만들어낼 **천사가 어떤 능력을 갖추고 있는지**를 기술하고 있다. 다음으로 천사를 만들어낼 때 이용힐 인수를 순비했다. ch_in과 ch_out은 합성곱 신경망의 채널 수이며, 입력 측과 출력 측 채널의 수를 지정하고 있었다. self는 마법 주문이고 ksize, stride, pad로 합성곱 신경망을 설정한다.

다음은 layers = {}로 신경망 사전을 쓰기 시작한다. 우리가 만들어내려는 천사는 layers["conv1"], layers["bnorm1"]이라고 지정된 신경망을 만드는 힘을 갖기를 바라며, 그 소원을 기술하고 있다. self.pooling = pooling으로 뒤에 이어지는 풀링을 실행할지, 말지에 대한 설정을 계승하고 있다.

마지막은 **super( )**라고 되어 있다. 이 구문은 만들려고 하는 천사보다 상위 레벨, 다시 말해서 chainer의 신들이 남겨둔 천사인 **Chain의 힘을 계승한다**는 것이다. 지금까지 신경망을 만들어낼 때는 **Chain(**layers)**라고 했다. 반면 여기서는 **super( ).__init__ (**layers)**라고 되어 있다. 결국 Chain이라는 부분이 super( ).__init__로 변경된 것이다. 이렇게 함으로써 Chain의 능력을 이어받은 독자적인 천사를 만들어낼 수 있다.

이제 우리의 천사 CNN은 **Chain의 능력을 이어받아 layers에 기술된 내용대로 신경 망을 만들어낼 수 있다.**

 이제 Chain의 힘을 계승한 독자적인 우리의 천사를 호출할 수 있을 거야.

 더구나 합성곱 신경망을 만들어주는 천사라니!

천사! 천사!

 우리가 신의 바로 전 단계인 천사를 만들어낼 수 있게 된 거야?

 너무 황송하다는 생각도 들지만, 친숙한 신이니까 뭐 괜찮겠지.

천사의 역할을 계속 보여줄 필요가 있다. 만들 수 있을 만큼 만들고, 아무 일도 시키지 않는다는 것은 아깝다. 모처럼의 합성곱 신경망을 만들어내는 능력을 이용해서 다음 과 같이 연속 마법을 사용하기로 했다.

princess.py에 추가하기

(마법 주문: 천사의 역할 지정하기)

(계속)

```
def __call__(self, x, ksize = 3, stride = 2, pad = 1):
    h = self.conv1(x)
    h = F.relu(h)
    h = self.bnorm1(h)
    if self.pooling == True:
        h = F.max_pooling_2d(h, ksize = ksize, stride = stride,
                             pad = pad)

    return h
```

class CNN(Chain):과 def __init__(self, …):로 이어지고, 마찬가지로 공백이나 Tab 으로 class CNN 안에 포함되는 형태로 기입한다. 여기서 self라고 되어 있는 것은 천 사 자신의 마법을 사용하라는 뜻이다. 조금 전의 기술 방법에 의해 천사는 conv1, bnorm1을 만들어낼 능력을 갖추었으므로 그것을 이용하도록 지시했다. self.pooling 으로 max_pooling_2d 사용 유무를 전환하고 있다.

생겼어?

 생겼다! 생겼다!

 그래서 천사를 호출하려면 결국 어떻게 하면 된다는 거야?

 어~ 그러니까 아까 이용한 합성곱 신경망처럼 처리하고 싶으면 cnn1 = ohm.CNN(ch, H1)이라고만 하면 되지.

 간단하게 불러오는구나.

 간단해! 간단해!

 cnn1이라니 설마~ 여러 명의 천사를 불러내는 일이 이걸로 가능하다고?

 그렇지. 차례차례로 합성곱 신경망을 만드는 천사를 호출할 수 있어.

   우와!!!

우리가 만들어낸 천사는 뜻대로 불러낼 수 있다. 이로써 다단계 합성곱 신경망을 마법 거울에 손쉽게 삽입할 수 있다.

Chapter6-CIFAR.ipynb 변경하기

(마법 주문: 다단계 합성곱 신경망)

```
C = ttrain.max()+1
H1 = 32
layers = {}
```

```
layers["cnn2"] = ohm.CNN(H1, H1)
layers["cnn3"] = ohm.CNN(H1, H1)
layers["l1"] = L.Linear(None, H2)
layers["l2"] = L.Linear(H2, C)
layers["bnorm1"] = L.BatchNormalization(H2)
NN = Chain(**layers)
```

신경망 사전에 키워드 cnn1과 cnn2 부분은 자유롭게 이름을 붙여도 상관없다. 각각 CNN(ch, H1)이나 CNN(H1, H1) 등 인수를 지정한 후 차례로 천사들이 합성곱 신경망을 만들고 있다. 이어서 이 신경망을 이용해 어떻게 데이터를 다룰지 지정한다.

Chapter6-CIFAR.ipynb 변경하기

(마법 주문: 다단계 합성곱 신경망에 의한 함수)

```
def model(x):
  h = NN.cnn1(x)
  h = NN.cnn2(h)
  h = NN.cnn3(h)
  h = NN.l1(h)
  h = F.relu(h)
  h = NN.bnorm1(h)
  y = NN.l2(h)
  return y
```

magic!

마치 처음부터 합성곱 신경망이 마법으로 준비되어 있는 것처럼 이용할 수 있다. 이 방법을 이용하면 단순 반복에 의한 매우 깊은 신경망을 구성할 수 있다.

마법 거울 주변에 천사가 하늘하늘 내려왔어.

 천사다! 천사다!

 이게 공주가 만들어낸 천사야?

 layers["cnn1"] = ohm.CNN(ch, H1)만으로
바로 불러낼 수 있네.

클래스를 기억하면
파이썬을 마스터할 날도 멀지 않았어요.

 굉장해. 손쉽게 합성곱 신경망을 반복해서 심층 신경망을 만들어내는 데 성
공했어!

조사 85일째

합성곱 신경망을 몇 번이나 겹쳐서 정말로 '심층 학습'을 시도해 보았다. CIFAR10의 식별 정밀도가 향상되었지만, 동시에 벽에 부딪히게 되었다. 일반화 성능이 생각만큼 향상되지 않는 것이다.

 더는 안돼! 더는 안 돼!

 70% 정도가 좋을 것 같은데. 역시 이만큼 깊게 해도 일반화 성능에는 벽이 있는 모양이야.

 오차 함수는 서서히 올라가고 있잖아?

 식별 정밀도 향상은 멈춰버렸구나.

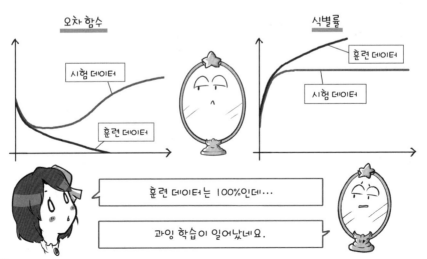

248

으음~ 훈련 데이터에 대해선 100%의 식별률을 자랑하는 좋은 신경망인데 말이야.

 처음 보는 데이터에 대한 성적은 좋지 않다는 거구나.

 테스트 성적은 좋지 않은 건가?

 그렇네. 합성곱 신경망의 조건을 변경해 봤지만, max_pooling 범위를 ksize = 5로 바꿔봤더니 이번엔 이런 느낌이 됐어.

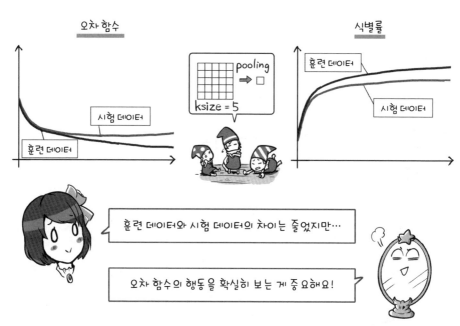

 훈련 데이터에 대해서 성적이 내려가고 있잖아.

 시험 데이터에 대해선 조금 올라갔어.

 아직 훈련 데이터에 너무 맞춘 걸까?

무슨 일인데? 무슨 일인데?

 과잉 학습이라고 해서 눈앞의 데이터에 너무 맞춘 나머지 다른 데이터에 대응할 수 없는 거죠.

 그런가? 그래서인가? 오차 함수가 점점 올라가서 이상하다고 생각했어.

 훈련 데이터에 대한 오차 함수는 확실히 내려가고 있지만, 시험 데이터에 대한 오차 함수는 점점 올라가고 있어.

 그것과 ksize는 어떤 관계가 있는 거야?

 풀링(pooling) 범위를 크게 해서 대충 거기에 비친 것을 답하도록 해 봤어. 훈련 데이터의 세세한 부분에 맞추지 않고 처음 보는 데이터에 대해서도 어느 정도 반응할 수 있게 될 것이라고 생각했지.

 과잉 학습을 극복하기가 만만치 않지요.

 잘 조정해 가면… 됐다!

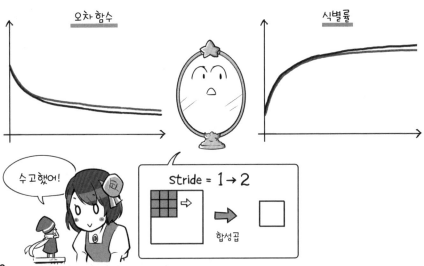

오오, 정말이네. 그럼 합성곱 신경망의 형태를 바꿔서 훈련 데이터에 지나치게 적합하지 않도록 조정할 수 있는 거구나.

 그 밖에도 다양한 방법이 있는 모양이야. 유명했던 방법으로는 신경망을 통과한 후에 드롭아웃(dropout)이란 것이 있었던 것 같아.

(마법 주문: 드롭아웃 이용하기)
```
h = F.dropout(h, ratio)
```

이렇게 하기만 하면 훈련 데이터에 과적합하지 않도록 조정할 수 있어.

 드롭아웃?

 신경망의 일부를 그대로 이용하고 나머진 내버려두는 방법이야.

 ratio는 뭐지?

 이 ratio로 나타낸 비율만큼 신경망을 최적화하지 않고 방치하면서 훈련 데이터에 맞추는 거야. 그래서 지나치게 맞지 않도록 연구할 수 있어.

 아, 그거 내가 했으면 마음대로 어느새 되어 있을지도 몰라.

 마법 주문대로 제대로 최적화해 줘!!

 하하핫! 으음, 너무 많이 맞추지 않는 편이 좋은 건가?

훈련 데이터에 딱 맞게 되어버리면 실제 시험 데이터에서 약간만 변화해도 대응하기 어려워지니까.

 그렇다면 전결합 신경망은 그만두는 편이 좋아.

 뭐, 어째서?

 마법 거울의 미세 조정을 돕다가 깨달았는데, 오차역전파법에서 신경망의 출력과 실제 데이터를 대조하는 방법은 안쪽에서부터 앞쪽으로 되돌아오는 것처럼 미세 조정하는 방법 같아.

 무슨 말이야?

 마지막의 전결합 신경망으로 꽤 노력하면 적당히 맞춰져 버린다니까.

 그럼 합성곱 신경망 쪽에서 연구를 해도 크게 영향을 주지 않는다는 말이야?

 그럴지도 모르겠어.

 지워버리자! 지워버리자!

 그런데 그렇게 하면 합성곱 신경망에서 나온 결과를 통합할 수 없겠네.

 응? 그렇다면 나온 결과를 전부해서 평균을 취하면 되지 않을까?

 평균! 평균!

 합성곱 신경망의 마지막 채널 수와 식별하고 싶은 데이터 종류의 수를 맞춰두면 문제없을 거야.

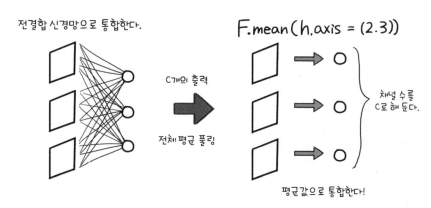

전결합 신경망으로 통합한다.

C개의 출력

전체 평균 풀링

$F.mean(h, axis = (2.3))$

채널 수를
C로 해 둔다.

평균값으로 통합한다!

전결합을 없애자!

대신 $F.mean(axis = (2.3))$으로
이미지 부분의 평균을 취하면 되는구나.

 와~ 너희들 신경망 천재 아냐?!

현대의 난쟁이들이 신경망 최적화를 대신하게 되자, 차츰 감각을 되찾게 된 것 같다. 생각지도 못한 아이디어가 튀어나왔다. 합성곱 신경망에서 나온 출력 결과를 통합하기 위해 전결합 신경망을 여러 번 경유했던 부분을 몽땅 버리기로 했다.

우선 합성곱 신경망에서의 출력 수를 과감히 데이터를 **몇 종류로 식별하고 싶은지 나타내는 수인 C로 설정**한다. 그리고 출력된 데이터의 평균을 functions 신의 **F.mean 마법**을 이용해 계산하기로 했다.

```
(마법 주문: Global average pooling 도입하기)

layers["cnn3"] = CNN(H1, H1)
```

```
layers["cnn3"] = CNN(H1, C)


y = NN.l1(h)

y = F.relu(h)

y = NN.l2(h) (마지막 전결합 신경망 부분)
```

```
y = F.mean(h, axis = (2, 3))
```

합성곱 신경망의 데이터는 '데이터 수', '채널 수', '출력 결과의 세로', '출력 결과의 가로' 순서로 나오므로 axis = (2, 3)에서 세 번째와 네 번째의 인수인 출력 결과의 세로와 가로에 대해 평균을 구해 보았다. **전체의 평균**을 구하므로 전체 평균 풀링으로 부르기로 했다.

 정말이네! 일반화 성능이 향상됐어!

 전결합 신경망이 없는 만큼 작업량이 꽤 줄어서 편하기도 하고.

 편해! 편해!

 합성곱 신경망 부분 작업을 하면 할수록 성능이 올라가서 나도 모르게 열중해 버렸네.

 덕분에 신경망 전체가 데이터를 확실히 학습하게 됐어. 굉장해!

일반화 성능을 끌어올리기 위해 예로부터 다양한 연구가 이루어졌는데, 고문서에 여러 번 등장한 대표적인 방법이 **정규화**로 부르는 것이었다.

```
(마법 주문: WeightDecay, L2 노름(norm) 정규화하기)
from chainer import optimizer_hooks as oph
OptNN.add_hook(oph.WeightDecay(rate = 0.0005))
```

이렇게 써넣으면 최적화 기법 중에서 자연스럽게 **L2 노름 정규화** 또는 **가중치 감소**로 부르는 방법이 도입된다. chainer의 신들 중 optimizer_hooks 신을 호출해서 이용하는데, 줄여서 'oph씨'라고 부르기로 했다. 이 신은 신경망 최적화를 도와주기 때문에 지나친 최적화나 눈앞의 데이터에만 과적합하는 현상을 멈추기도 하고, 기운이 펄펄 넘치는 젊은이들이 활발하게 활약하는 모습을 따뜻하게 지켜보는 선배와 같은 존재이다. oph씨가 **WeigthDecay** 마법을 걸면 훈련 데이터에 맞게 최적화하는 것 이외에 **신경망의 가중치를 작게 만들려고 하는 다른 의식이 작동**하게 된다. 언뜻 최적화를 방해하는 것처럼 느껴지지만, 데이터에 너무 들어맞지 않게 하려는 발상에서 나왔다는 것을 다시 생각해 보면 무리가 없는 사고 방식이다.

공부할 때 다른 생각을 한다면 성적이 오른다고 생각할 수는 없지만, 확실히 숨을 돌리는 건 중요하다. 드롭아웃도 적당히 학습을 진행한다는 의미에서는 같은 마음일지도 모른다. 이 밖에도 정규화에는 **L1 노름 정규화** 또는 **LASSO**로 부르는 방법이 있다.

```
(마법 주문: LASSO, L1 노름(norm) 정규화하기)
from chainer import optimizer_hooks as oph
OptNN.add_hook(oph.Lasso(rate = 0.0005))
```

이쪽은 신경망의 일부를 때로는 잘라내는 대담한 제안을 oph씨에게서 받는 마법이다. 신경망의 일부를 방치하는 것이 드롭아웃이고, LASSO에서는 일부를 잘라버린다. 어느 쪽이든지 얼마만큼 신경망 최적화를 게을리할지의 정도를 rate로 지정할 수 있다. 훈련 데이터와 시험 데이터에 대한 오차 함수가 가능한 한 똑같게 감소하도록 이들 수치와 정규화를 도입해서 조정한다.

 데이터를 잘 만들어내서 여러 가지 본 적이 없는 데이터를 가능한 한 만들어내는 게 어떨까요?

 무슨 말이야?

 파이썬을 구사하면 다양하게 이미지를 변형할 수 있지요?

 그걸로 새로운 훈련 데이터를 만들어낸다?

 뒤집어 본다거나?

 뒤집어도 개구리는 개구리지. 할아버지 말이 생각나네.

 그래! 그거 재미있는 아이디어야!

일반화 성능을 끌어 올리기 위해 오래 전부터 전해지는 방법 이외에 마법 거울이 대담한 방법을 제안했고, 이 방법을 '**데이터 확장**'이라고 부르기로 했다.

개구리가 찍혀 있는 이미지 데이터를 반전시켰어도 개구리가 찍혀 있다는 사실에는 변함이 없다. 또한 조금 위치를 이동했다어도 개구리가 찍혀 있다는 사실에는 변함이 없다. 그래서 원래는 같은 이미지라고 해도 이미지를 반전시키거나 조금 이동시켜서 의미가 같은 데이터를 만들어낸다는 발상이다. 요컨대 **데이터 부풀리기**다. 그래서 훈련 데이터를 작게 나누어 주는 부분에서 데이터를 늘리기 위해 변경한다.

우선 다음과 같은 마법을 준비해서 데이터에 가공을 하는 주문을 넣는다.

---

princess.py에 추가하기

(마법 주문: 데이터셋 확장용 변환 함수)

```python
def flip_labeled(labeled_data):
    data, label = labeled_data

    z = np.random.randint(2)
    if z == 1:
        data = data[:, ::-1, :]

    z = np.random.randint(2)
    if z == 1:
        data = data[:, :, ::-1]

    z = np.random.randint(2)
    if z == 1:
        data = data.transpose(0, 2, 1)

    return data, label
```

magic!

이 마법으로 적당히 상하 좌우, 90도 회전시킬 수 있다.

z = np.random.randint(2)로 0이나 1의 숫자를 각 시점에서 무작위로 발생시키고, 나온 숫자가 때마침 z = 1이 된 경우에 if z == 1 부분에서 **상하로 반전되도록 data = data[:, :, ::−1]로 되어 있다. ::−1은 모든 데이터를 반전시켜서 이용한다는 뜻이다.** 파이썬에서는 'a:b:c'라고 기술하면 a에서 b까지 c 간격으로 나열한다는 의미가 된다. a와 b에 아무것도 넣지 않으면 끝에서 끝까지, c 부분에 **−1을 넣으면 역방향이라는 뜻**이 된다. data.transpose(0, 2, 1)은 0, 1, 2 순으로 나열되어 있던 데이터의 행태를 0, 2, 1 순으로 정렬한다는 뜻으로, 원래는 ch, Nx, Ny 순으로 나열되어 있으므로 ch, Ny, Nx 순으로 바뀐다. 결국 ch는 그대로 두고 Ny와 Nx를 바꿔서 회전시킨다. 또한 다소 위치가 어긋나도 같은 종류의 데이터라는 사실에는 변함이 없으므로 numpy 신의 힘을 빌려 가공한 이미지 데이터를 늘리기 위해 이미지의 위치를 움직이는 마법을 준비했다.

---

princess.py에 추가하기

(마법 주문: 데이터셋 확장용 변환 함수)

```python
def shift_labeled(labeled_data):
    data, label = labeled_data

    ch, Ny, Nx = data.shape
    z_h = Ny*(2.0*np.random.rand(1)-1.0)*0.2
    z_v = Nx*(2.0*np.random.rand(1)-1.0)*0.2
    data = np.roll(data,int(z_h), axis = 1)
    data = np.roll(data,int(z_v), axis = 2)

    return data, label
```

magic!

z_h는 Ny에 대해 20%의 이동폭을 최대한으로 지정하고, 2.0*(np.random.rand(1)−
1.0)으로 −1.0부터 1.0까지의 임의의 값을 이용해 세로 방향 이동폭을 결정한다. z_
v는 가로 방향 이동폭이다. 이 이동폭에 따라 numpy 신의 마법의 힘 roll을 이용해서
가로와 세로로 움직인다.

 이런 마법을 준비해서…

 좋아! 완성이야!

 잠깐! 이것만으론 안 돼. 지금은 규칙을 준비한 것뿐이야. chainer의 신 중
에서도 ds씨, 아니 datasets 신이 데이터를 일괄적으로 변환해 주는 거야.

 ds씨! ds씨!

 그렇게 부르고 있었어? 공주!

 아니, 네가 잘 못 들은 거야! datasets 신!! 이제 데이터를 작은 배치로 분할
하는 곳에 추가하면 돼. 이것 봐! 성적이 오르고 있어.

어떻게 변환할지 규칙을 준비한 후 datasets 신의 힘을 빌려 실제로 이미지를 변환한다. 사용법은 쉬워서 **ds.TransformDataset(batch, 이용할 변환 규칙)**이라고 하면 된다.

이 구문을 이용해 마법 주문의 일부를 수정한다.

Chapter6-CIFAR.ipynb 변경하기

magic!

```
(마법 주문: 결계 펼치기)
batch_size = 5000
train_iter = siter(train, batch_size)
while train_iter.epoch < nepoch:
  batch = train_iter.next()
  batch = ds.TransformDataset(batch, ohm.flip_labeled)
  batch = ds.TransformDataset(batch, ohm.shift_labeled)
  xtrain,ttrain = con.concat_examples(batch)
  data = cuda.to_gpu([xtrain, xtest, ttrain, ttest])
  ohm.learning_classification(model, optNN, data, result, 1)
```

그렇게 하면 원래 데이터에서 변환된 데이터가 넘어오고, 같은 종류에 포함되는 이미지의 수가 증가한다. 이미지가 반전 및 회전되고 위치에 차이가 있어도 개구리는 개구리이다. 확실히 그렇다.

 그런데 어디까지 학습이 끝났는지, 잘 하고는 있는지 도중이라도 알 수 있게 하고 싶네.

 그래, 맞아. 잘 될 가능성이 없으면 결계가 자연히 풀리길 기다리지 않고 바로 다시 시작해서 시행착오를 경험하게 하고 싶어.

시행착오! 시행착오!

 pyplot 신에게 부탁하면 되지 않을까?

 그러면 결과가 추가되면서 계속 표시되어 거울에서 넘치게 될 거야. 그러면 좀 불편하지. 마법 거울의 지금 상태만 보이게 하고 싶거든.

 그렇다면 IPython의 신들 중 display 신의 힘을 빌리면 좋을 거예요.

 가르쳐줘, 가르쳐줘!

결계를 펼치고 학습을 진행하는 도중에 결과의 상태를 보고 싶을 때가 있다. 이런 경우에는 IPython의 신들 중 **display**라는 신을 호출한다.

> **Chapter6-CIFAR.ipynb에 추가하기**
>
> (마법 주문: 읽어들이는 모듈에 추가하기)
> ```
> from IPython import display
> ```

확률 경사법에서 중간 결과를 보고 싶은 경우에는 while문에 다음의 마법을 추가한다.

> **Chapter6-CIFAR.ipynb 변경하기**
>
> (마법 주문: 결계 펼치기)
> ```
> batch_size = 5000
> train_iter = siter(train, batch_size)
> while train_iter.epoch < nepoch:
>   batch = train_iter.next()
> ```

```
batch = ds.TransformDataset(batch, ohm.flip_labeled)
batch = ds.TransformDataset(batch, ohm.shift_labeled)
xtrain,ttrain = con.concat_examples(batch)
data = cuda.to_gpu([xtrain, xtest, ttrain, ttest])
ohm.learning_classification(model, optNN, data, result, 1)
if train_iter.is_new_epoch == 1:
    display.clear_output(wait = True)
    print("epoch:", train_iter.epoch)
    ohm.plot_result2(result[0], result[1], "loss function",
                    "step", "loss function", 0.0, 4.0)
    ohm.plot_result2(result[2], result[3], "accuracy",
                    "step", "accuracy")
```

train_iter.is_new_epoch은 1에폭이 끝나고 다음 에폭이 시작되는 것을 보여주는 마법이다. 이 값이 True, 즉 1이 되었을 때 if문 뒤로 이어지는 마법이 유효해진다.
display.clear_output(wait = True)라고 되어 있는 부분이 **다음 표시해야 할 내용이 나올 때까지 기다리면서 결과를 표시**하는 마법이 된다.

이어서 print("epoch:", train_iter.epoch)으로 epoch:이라는 문자와 train_iter. epoch, 즉 현재 에폭이 몇 번째인지 표시하도록 부탁하고 있다. 그대로 자작 마법에 의한 2개의 결과를 계속 표시한다. 다음 에폭이 되면 **그때까지 표시한 내용이 display 의 마법에 의해 지워지고 새로운 내용으로 전환되어 표시된다.** jupyter notebook으로 마법을 이용할 경우에는 결과를 보면서 시행착오를 알 수 있으므로 설정을 다양하게 바로 바꾸면서 쉽게 반영할 수 있어서 편리하다.

6-6　편리한 신경망 구축하기

 이렇게 깊은 신경망으로 몇 번씩 이미지를 변형하면 그 이미지의 성질이란 게 정말로 제대로 이어지고 있는 걸까?

 그렇지. 한 단계 깊어질 때마다 매번 이미지를 작게 한다면 이미지의 성질이 점점 이어지지 않을 수도 있어.

 하지만 고문서에는 네트워크가 깊은 쪽에 어떤 이미지가 찍혀 있는지 잘 알 수 있다고 쓰여 있어. 뭔가 좋은 방법은 없을까?

 들어온 이미지도 그대로 보내두고 우선 깊은 신경망에도 가르쳐 주는 편이 좋지 않을까?

 어, 그건 무슨 말이야?

 앞질러서 들어온 데이터를 먼저 보내는 거지.

 앞지르기! 앞지르기!

 깊은 신경망에 예습을 시키는 거네.

 좋아! 내가 만들어 보겠어!

 클래스 만드는 건 도와줄게.

대담한 제안이 튀어나왔다. 깊은 신경망에 변형된 후의 상태뿐만 아니라 앞질러서 데이터를 보내 원래의 이미지가 어떤 것인지를 전해두는 방법이다. 이 방법은 심층 신경망이라도 제대로 깊은 곳까지 원래의 데이터를 전달하는 효과가 있다. 원래의 데이터가 보내지므로 신경망은 원래의 형태에서는 잘 보이지 않는 남겨진 특징에 집중해서 학습하는데, 이런 학습을 **'잔여학습'**이라고 부르기로 했다. 역시 난쟁이들은 조상으로부터 물려받은 유전의 효과인지 신경망 감각에 뛰어난 재능을 가지고 있다.

쓰기 편한 마법 주문으로 하기 위해 일련의 신경망에서의 조작을 '블록'이라고 하는 덩어리로 만들기로 했다.

---

princess.py에 추가하기

(마법 주문: 잔여 학습의 구성)

```python
class ResBlock(Chain):
    def __init__(self, ch, bn = True):
        self.bn = bn
        layers = {}
        layers["conv1"] = L.Convolution2D(ch, ch, 3, 1, 1)
        layers["conv2"] = L.Convolution2D(ch, ch, 3, 1, 1)
        layers["bnorm1"] = L.BatchNormalization(ch)
        layers["bnorm2"] = L.BatchNormalization(ch)
        super().__init__(**layers)

    def __call__(self, x):
        h = self.conv1(x)
        if self.bn == True:
            h = self.bnorm1(h)
        h = F.relu(h)
        h = self.conv2(h)
        if self.bn == True:
            h = self.bnorm2(h)
```

magic!

```
h = h + x
h = F.relu(h)
return h
```

두 번의 합성곱 신경망을 거치고 도중에는 비선형 변환 ReLU를 지난다.

마지막 결과 h에 입력된 데이터 x를 그대로 추가하면서 이러한 신경망 덩어리를 만들어내는 천사를 ResBlock이라고 이름을 붙였다. 그리고 천사를 만들어낼 때는 bn이라는 인수를 준비해 두었다.

디폴트 인수는 bn = True로 했는데, 이것은 배치 정규화를 사용한다는 의미이다. 천사의 일은 __call__에 적혀 있으며, self.bn이 True라면 배치 정규화를 한다는 if문을 붙였다. **배치 정규화를 사용하지 않을 때는 ResBlock(ch, bn = False)라고 써서 천사를 호출하면 된다.**

self.bn = bn이라고 해서 __init__에 있는 인수를 __call__로 그대로 넘겨줄 수 있다.

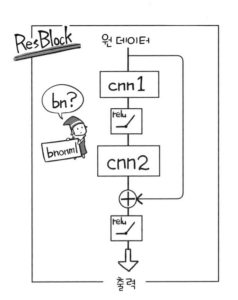

한 번만 호출해도 이만큼 계산하는구나.

클래스를 이용해 자유로운 설계를!

식을 이용해 다양한 작업을 덩어리로 만들 수 있다니 무척 편리하구나.

 자꾸 신경망을 만들고 싶어지네.

 합성곱 신경망이 있는데, 여기에 커널 사이즈나, 어긋나는 폭을 결정하는 스트라이드나, 가장자리의 어디까지를 쓸지 결정하는 패딩의 수치는 어떻게 결정하면 좋을까?

 그런 건 대충해도 되는 거 아냐?

 기본은 커널 사이즈를 원하는 값으로 해. 그리고 스트라이드는 1, 패딩은 커널 사이즈의 크기에 맞춰 절반 정도보다 작은 정숫값으로 하면 딱 같은 크기 그대로 있는 걸 기억해 두면 좋을 것 같아.

 스트라이드를 2로 하면 어떻게 될까?

 합성곱을 할 테두리를 움직이는 간격을 하나 건너뛰는 게 되니까, 이미지의 크기가 절반이 되겠지. 상당히 콤팩트해질 거야. 한번 시도해 볼까?

합성곱 신경망에서 이미지의 크기가 어떻게 변할지 마법 주문을 쓰는 도중에 가끔 신경 쓰일 수 있다. 이런 경우에는 다음의 마법 주문을 사용하면 편리하다.

princess.py에 추가하기

(마법 주문: 입·출력 관계를 체크하는 자작 함수)

```
def check_network(x, link):
  print("input:", x.shape)
  h = link(x)
```

```
    print("output:", h.shape)
    return h
```

사용법은 단순하다. 입력되는 이미지의 채널, 세로 및 가로의 크기와 출력되는 이미지의 채널, 세로 및 가로의 크기가 print로 표시된다. print문 안에서 큰따옴표("") 안에 표시하고 싶은 문장을 기술한 후 파이썬으로 기술된 마법의 결과를 계속해서 쓴다. 예를 들어, ouput:이라는 문장과 h.shape의 수치 양쪽이 동시에 표시된다. 이용할 때는 입력되는 이미지 데이터의 한 예와 신경망으로 변형된 이미지를 준비하면 된다.

 이 자작 마법은 이런 식으로 사용할 수 있어. 배치 정규화를 포함하는 경우에는 데이터가 정리 정돈이 필요로 할 정도로 여러 개 있는 것을 상정하고 있으니까 2개의 데이터를 적당히 만들어서 말이야.

```
(마법 주문: 신경망의 입·출력 관계 체크하기. CNN1)
x = np.random.rand(2*ch*Ny*Nx).reshape(2, ch, Ny, Nx)\
    .astype(np.float32)
h = ohm.check_network(x, L.Convolution2D(ch, 10, ksize = 3,
                                    stride = 1, pad = 1)
```

 이 경우는 커널 사이즈가 3이고 패딩은 그 절반인 1.5니까 그보다 작은 정수인 1로 한 거구나. 오~ 입·출력 이미지의 크기가 그대로야.

 이야~ 느낌이 좋아.

 스트라이드를 2로 하면 어떻게 될까?

 이렇게 말이지?

```
(마법 주문: 신경망의 입·출력 관계 체크하기, CNN2)
x = np.random.rand(2*ch*Ny*Nx).reshape(2, ch, Ny, Nx)\
    .astype(np.float32)
h = ohm.check_network(x, L.Convolution2D(ch, 10, ksize = 3,
                                    stride = 2, pad = 1)
```

 오! 출력 크기가 입력의 절반이 됐네.

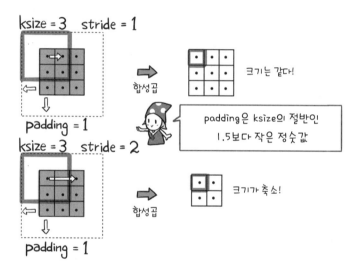

 합성곱을 했을 때의 크기는 어렵구나!

stride가 몇 분의 1의 크기로 할 것인지
나타내는 기준이지요.

딱 같은 크기가 되지 않는 것은 원래 이미지의 크기가 홀수인지, 짝수인지에 따른 것으로, 패딩 값으로 미세 조정할 수 있어. 커널 사이즈를 변경해도 좋고. 스트라이드의 폭을 변경하면 이미지의 크기가 반으로 줄기도 해서 결과물이 크게 바뀌는 것 같아.

 아까 만든 ResBlock으로도 체크할 수 있나? 저 녀석이 대충 만든 건 불안해서~

 문제없다니까!

 물론이지. 할 수 있어.

(마법 주문: 신경망의 입·출력 관계 체크하기, ResBlock)

```
x = np.random.rand(2*ch*Ny*Nx).reshape(2, ch, Ny, Nx)\
    .astype(np.float32)
h = ohm.check_network(x, ResBlock(ch))
```

이렇게 하면 OK야.

 오오! 이 ResBlock은 이미지의 크기를 바꾸지 않네.

 어? 대충 만든 것치고는 잘 됐네.

 이미지의 크기와 채널 수를 바꾸지 않고, 비선형 변환과 신경망을 통해서 가니까 이미지에서 감쪽같이 중요한 정보를 꺼내고 있는 것 같아. 대~단해!

 크기가 그대로야! 크기가 그대로!

깊게 하면 전달이 잘 안 되겠지만, 마지막에 h = g+x로 처음 입력된 데이터를 다시 한번 사용하려면 크기와 채널 수가 그대로여야 해.

 아, 나 재미있는 모양이 생각났어! 이름하여 Bottleneck 블록이야!

난쟁이들의 심층 학습 재능은 훌륭해서 ResBlock과 같은 발상으로 새로운 블록을 만들어냈다. 네트워크에 있는 신경망의 가중치는 바꾸지 않고 1단 심층 신경망을 만들고 있다.

princess.py에 추가하기

```
(마법 주문: Bottleneck 블록의 클래스)
class Bottleneck(Chain):
  def __init__(self, ch, bn = True):
    layers = {}
    layers['conv1'] = L.Convolution2D(ch, ch, ksize = 1,
                                      stride = 1, pad = 0)
    layers['conv2'] = L.Convolution2D(ch, ch, ksize = 3,
                                      stride = 1, pad = 1)
    layers['conv3'] = L.Convolution2D(ch, ch, ksize = 1,
                                      stride = 1, pad = 0)
    layers['bnorm1'] = L.BatchNormalization(ch)
    layers['bnorm2'] = L.BatchNormalization(ch)
    layers['bnorm3'] = L.BatchNormalization(ch)
    super().__init__(**layers)

  def __call__(self, x):
    h = self.conv1(x)
    if self.bn == True:
```

```
        h = self.bnorm1(h)
    h = F.relu(h)
    h = self.conv2(h)
    if self.bn == True:
        h = self.bnorm2(h)
    h = F.relu(h)
    h = self.conv3(h)
    if self.bn == True:
        h = self.bnorm3(h)
    h = h + x
    h = F.relu(h)

    return h
```

 과연 그렇구나! 네트워크가 깊은 쪽이 복잡한 데이터라도 관점을 바꾸어 내용물이 무엇인지 잘 알 수 있도록 변환할 수 있는 거야.

 맞아. 이미지의 일부를 잘라내고 조합해서 거기에 무엇이 찍혀있는지 열심히 조사하는 게 합성곱 신경망의 역할이야. 그래서 이 블록도 아주 효과적인 형태로 되어 있어.

6-7 합성곱 신경망을 반대로?

 합성곱 신경망을 사용하면 이미지 사이즈가 그대로이거나, 점점 작아져 버리는 것도 곤란한 일이네.

 어째서?

 이미지에 뭐가 찍혔는지 판단하려면 때로는 크게 할 필요도 있겠지?

 아, 작은 이미지를 크게 확 비추면 이 마법 거울에서 커다란 괴물을 찍어내어 장난칠 수 있겠다!

 도대체 무슨 생각을 하는 거야!

 하지만 지난 번 손글씨나 고대 문명의 이미지처럼 뭐가 찍혀 있는지 작아서 알 수 없는 경우에는 크게 할 수 있다면 편리할 거야.

 합성곱 신경망으로 이미지가 작아져서 개구리라는 종류가 찍힌 건 알았어. 하지만 찍힌 작은 이미지를 봐도 우리는 뭐가 뭔지 전혀 알 수 없었지.

 이미지를 작게 하지 말고 크게 하면 되는 거지? 그럼 합성곱을 거꾸로 하면 되는 거 아니야?

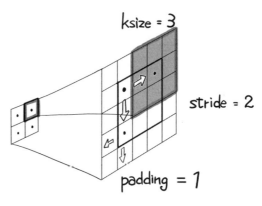

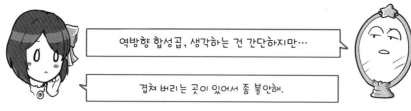

 합성곱의 역방향! 합성곱의 역방향!

 아, 있어! 고문서에 있었어! Deconvolution2D라고. Convolution2D와 똑같이 쓸 수 있는 것 같아.

 편리하네. 그럼 이미지도 간편하게 크게 할 수 있겠다.

 원본 이미지보다 크게, 보기 쉽게 바꿔 만드는 것을 '초해상'이라고 해요. 선명하지 않은 이미지를 선명하게 만들어서 뭐가 찍혔는지 확실하게 알 수 있고 편리하죠.

 아? 그 밖에도 이미지를 크게 하는 방법이 있어! '픽셀 셔플러'라고!

역방향 합성곱 신경망에는 치명적인 결점이 있다. **커널 사이즈와 스트라이드를 잘 조정하지 못하면 이미지에 줄이 생기는 문제와 흐릿해 보이는 이미지가 완성되어 버리는 문제**다.

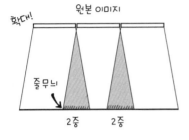

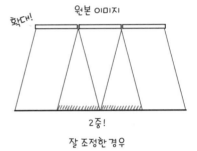

잘 조정하지 않으면 줄무늬가 나와버려.

꽤 끈기 있는 조정이 필요하지요.

역방향 합성곱 신경망에서는 하나하나의 픽셀을 지정된 커널 사이즈로 확대하고, 스트라이드의 폭에 따라 움직이면서 나열한다. 하지만 단순하게 확대만 해서는 흐릿한 이미지가 나오고, 인접 픽셀로부터 퍼진 무늬가 겹치면 줄무늬가 생긴다. 이 문제점을 회피하는 방법으로 **'픽셀 셔플러'**라는 기술이 제안되었다고 한다.

픽셀 셔플러에서는 하나의 픽셀에 복수의 채널 데이터를 준비하고 이것을 조합해서 큰 이미지를 만든다.

예를 들어, 4채널의 데이터가 있으면 한 개의 픽셀에 데이터를 늘어놓는 것만으로도 이미지의 세로와 가로를 각각 두 배로 확대할 수 있다. 외형이 깨끗한지의 여부는 별개로 하고, 네 장의 타일을 가져왔을 때는 세로 두 줄, 가로 두 줄로 늘어놓고 넓은 플로어에 붙일 수 있다. 이것만으로도 큰 이미지를 만들어낼 수 있다.

princess.py에 추가하기

(마법 주문: 픽셀 셔플러)

```python
class PixelShuffler(Chain):
  def __init__(self, ch, r = 2):
    self.r = r
    self.ch = ch
    super().__init__()

  def __call__(self, x):
    batchsize, ch, Ny, Nx = x.shape
    ch_y = ch//(self.r**2)
    Ny_y = Ny*self.r
    Nx_y = Nx*self.r
    h = F.reshape(x, (batchsize, self.r, self.r, ch_y, Ny, Nx))
    h = F.transpose(h, (0, 3, 4, 1, 5, 2))
    y = F.reshape(h, (batchsize, ch_y, Ny_y, Nx_y))
    return y
```

우선 픽셀 셔플러로 이미지를 얼마나 확대할 것인지의 비율을 인수로 표현하고 r = 2를 기본으로 해서 디폴트 인수를 지정했다. 가로와 세로 모두 두 배로 확대하고, 많은 타일에 해당하는 채널 수는 투입되는 데이터에 따라 달라지므로 인수로 한다. def __init()__에는 인수를 그대로 인수한다는 의미로 self.r = r, self.ch = ch로 지정했다. def __call__(self, x)에는 이용할 때 어떤 변환이 이루어지는지에 대해 자세히 쓰여 있다.

우선 최초로 입력된 데이터의 형태를 읽어내는데, 이것이 batchsize, ch, Ny, Nx = x.shape이다. 그 다음에는 ch_y = ch//(self.r**2)로 출력될 때의 채널 수를 계산한다. self.r**2이므로 r을 두 번 곱한 것으로 나눈다. 즉 1/4이 된다. **가로, 세로 두 장씩 타일을 붙이므로 하나의 큰 타일을 만드는 데 네 장을 소비한다**는 말이다. 이에 따라 결과적으로 완성되는 이미지의 크기는 **Ny_y = Ny*2여서 세로는 두 배, Nx_y=Nx*2여서 가로도 두 배**가 된다.

이와 같이 완성 크기를 계산한 후 F.reshape(x, (batchsize, self.r, self.r, ch_y, Ny, Nx))로 타일을 나열할 준비를 한다. 원래대로라면 데이터 수, 채널 수, 세로 크기, 가로 크기가 되는 부분이 데이터 수, 이용하는 타일의 세로 수, 이용하는 타일의 가로 수, 완성 채널 수, 세로 크기, 가로 크기와 같은 형태로 바뀐다. 이후 **transpose를 이용해 순서를 교체해서 타일 형태로** 이미지의 픽셀을 나열하고 있다.

완성된 형태에 맞추어 F.reshape(h, (batchsize, ch_y, Ny_y, Nx_y))라고 하면 픽셀 셔플러가 완성된다.

 이건 중간에 선형 변환이나 비선형 변환 같은 게 들어있지 않으니 신경망과는 다른가?

 그렇지. 단지 작은 이미지를 여러 장 준비해서 이것을 종횡으로 규칙적으로 재배열해 적은 매수의 큰 이미지로 만들고 있을 뿐이야.

 그럼 신경망의 최적화를 하지 않아도 되는 거야?

 편하다! 편하다!

확대는 간단하지만, 중간에 비선형 변환이 없기 때문에 함께 합성곱 신경망을 병용해야 하는 걸까? 합성곱 신경망에서 커널 사이즈 3, 스트라이드 1, 패딩이 1이면 이미지의 크기는 변하지 않으니까 이거랑 세트로 사용하면 좋을 것 같아.

고대인 중에는 합성곱 신경망, 배치 정규화, relu에 의한 비선형 변환, 드롭아웃을 하나로 묶은 천사를 만들던 사람도 있는 것 같다.

기본적으로 신경망 안에서는 선형 변환, 배치 정규화, 비선형 변환, 그리고 경우에 따라서는 드롭아웃 등을 한다. 그래서 한데 묶어 언제든지 불러낼 수 있도록 하는 것이 편리하다.

고문서의 일부에 Convolution Batch normalization, Relu를 묶어 CBR이라고 부르는 천사가 존재하는 것도 확인했다.

---

princess.py에 추가하기

```
(마법 주문: CBR 블록의 클래스)
class CBR(Chain):
    def __init__(self, ch_in, ch_out, sample = "down",
                 bn = True, act = F.relu, drop = False):
        self.bn = bn
        self.act = act
        self.drop = drop

        layers = {}
        if sample == "down":
            layers["conv"] = L.Convolution2D(ch_in, ch_out, 4, 2, 1)
        elif sample == "up":
            layers["conv"] = L.Deconvolution2D(ch_in, ch_out, 4, 2, 1)
```

```
if bn:
    layers["bnorm"] = L.BatchNormalization(ch_out)
super().__init__(**layers)


def __call__(self, x):
h = self.conv(x)

    if self.bn == True:
      h = self.bnorm(h)
    if self.drop == True:
      h = F.dropout(h)
    h = self.act(h)
    return h
```

 이건 합성곱 신경망과 역방향 합성곱 신경망을 전환해서 사용할 수 있는 거네? 어느 쪽을 사용할지 지정하는 것이 sample이라는 디폴드 인수의 "down"인데, 이걸 "up"으로 바꾸는구나.

 up! down!

 이미지를 축소하는 것은 '다운 샘플링', 확대하는 것은 '업 샘플링'이라고 하는 데서 온 것 같네요.

 그런 거 같아. "down"이나 "up"을 지정해서 합성곱 신경망을 이용할지, 역 방향 합성곱 신경망을 이용할지 선택하는 거네.

 배치 정규화를 사용할지, 사용하지 않을지도 선택하고 있어.

이상한 작성법이지만, __init__ 안에는 천사를 호출할 때 하는 일들이 쓰여 있어. 합성곱 신경망과 배치 정규화를 준비하지. 그후에 호출한 천사에게 이름을 붙여 개별적으로 작업을 부탁할 때 해야 할 일이 써 있는 게 __call__의 내용이야.

클래스에 공통으로 준비할 것은 __init__()

각각 호출한 후에 시킬 것은 __call__()

 합성곱 신경망으로 조합한 다음에 배치 정규화로 비선형 변환을 하는 건가? 오오~ 평소와 같은 조합이야.

 그게 이 CBR을 호출하는 것만으로 된다는 거야.

 편리해! 편리해!

너희들은 정말 대담한 발상을 하는구나!

 우린 생각도 못했어.

 이제 뭐가 오든 문제없어!

 잠깐만요! 그럼 당신들도 여태까지 마법 거울을 제대로 쓰지 못한 건가요?

 마법 거울의 미세 조정을 그렇게까지 능숙하게 할 수 없었으니…

 이야~ 훌륭하구나.

 결국 그땐 점성술이 유행해서, 마법 거울에서 모두 흥미를 잃어버렸으니 말이야.

 왠지 연구한 보람이 있는 것 같아요. 발견에서 한 단계 더 발전시킬 수 있다니. 좀 쉬어볼까! 지금 차를 끓여올게.

 나도 도와줄게!

 티타임! 티타임!

 아, 오늘 신문을 아직 안 가져왔네. 우편함 좀 보고 와 줄래?

 알았어! 오오! 공주님! 공주님! 빅 뉴스야! 드디어 왕이 왕비를 맞이하게 되었다네!

뭐! 정말?! 누군데? 누군데? 상대가 누구야?!

 좀 진정해, 공주!

 이럴 수가! 공작의 따님이잖아!!

 와, 굉장해!!! 내가 동경하던 그 공주라니. 지금쯤 마을은 축제 분위기일까?

왕비님의 학습 노트 **6**

합성곱 신경망

몇 개의 자작 마법을 확률 경사법에 대응시키기

ln[1]:

```python
from tqdm import tqdm
def learning_regression(model, optNN, data, result, T = 10):
    for time in tqdm(range(T)):
        config.train = True
        optNN.target.cleargrads()
        ytrain = model(data[0])
        loss_train = F.mean_squared_error(ytrain, data[2])
        loss_train.backward()
        optNN.update()

    config.train = False
    ytest = model(data[1])
    loss_test = F.mean_squared_error(ytest, data[3])
    result[0].append(cuda.to_cpu(loss_train.data))
    result[1].append(cuda.to_cpu(loss_test.data))

def learning_classification(model, optNN, data, result, T = 10):
    for time in range(T):
        config.train = True
        optNN.target.cleargrads()
        ytrain = model(data[0])
        loss_train = F.softmax_cross_entropy(ytrain, data[2])
        acc_train = F.accuracy(ytrain, data[2])
```

```
    loss_train.backward()
    optNN.update()

config.train = False
ytest = model(data[1])
loss_test = F.softmax_cross_entropy(ytest, data[3])
acc_test = F.accuracy(ytest, data[3])
result[0].append(cuda.to_cpu(loss_train.data))
result[1].append(cuda.to_cpu(loss_test.data))
result[2].append(cuda.to_cpu(acc_train.data))
result[3].append(cuda.to_cpu(acc_test.data))
```

 공백이나 Tab 으로 정렬한 부분만 반복되는 거네.

 공백이나 탭을 사용하는 방법은 파이썬의 특징 중 하나죠.

자작 모듈 추가하기

ln[2]:

```
def shift_labeled(labeled_data):
  data, label = labeled_data

  ch, Ny, Nx = data.shape
  z_h = Ny*(2.0*np.random.rand(1)-1.0)*0.3
  z_v = Nx*(2.0*np.random.rand(1)-1.0)*0.3
  data = np.roll(data, int(z_h), axis = 1)
  data = np.roll(data, int(z_v), axis = 2)

  return data, label

def flip_labeled(labeled_data):
  data, label = labeled_data
  z = np.random.randint(2)
  if z == 1:
    data = data[:, ::-1, :]
  z = np.random.randint(2)
  if z == 1:
    data = data[:, :, ::-1]

  z = np.random.randint(2)
  if z == 1:
    data = data.transpose(0, 2, 1)

  return data, label

def check_network(x, link):
  print("input:", x.shape)
  h = link(x)
  print("output:", h.shape)
```

numpy 신의 힘으로 콜론(:)으로 전체를 지정하기도 하고, ::-1로 반전시킬 수도 있구나.

 a:b:c로 a부터 b까지 c 간격으로 되는 것도 편리해요.

합성곱 신경망의 클래스 추가하기

```
ln[3]:  class CNN(Chain):
            def __init__(self, ch_in, ch_out,
                           ksize = 3, stride = 2, pad = 1, pooling = True):
                self.pooling = pooling
                layers = {}
                layers['conv1'] = L.Convolution2D(ch_in, ch_out,
                                                     ksize = 4, stride = 2,
                                                     pad = 1)
                layers['bnorm1'] = L.BatchNormalization(ch_out)
                super().__init__(**layers)

            def __call__(self, x, ksize = 3, stride = 2, pad = 1):
                h = self.conv1(x)
                h = F.relu(h)
                h = self.bnorm1(h)
                if self.pooling == True:
                  h = F.max_pooling_2d(h, ksize = ksize, stride = stride,
                                         pad = pad)
                return h
```

 커널 사이즈뿐만 아니라 스트라이드도 잘 모르겠어.

 커널 사이즈는 적당히, 패딩은 대체로 커널 사이즈의 절반인 수치, 스트라이드 는 이미지의 축소 비율로 생각하세요.

필요한 모듈과 자작 마법집 불러오기

ln[4]:
```
import numpy as np
import matplotlib.pyplot as plt

import chainer.optimizers as Opt
import chainer.functions as F
import chainer.links as L

import chainer.datasets as ds
import chainer.dataset.convert as con
from chainer.iterators import SerialIterator as siter

from chainer import Variable,Chain,config,cuda
from IPython import display

import princess as ohm
```

 이번에 iterators, display가 추가되었네.

 iterators는 데이터를 분할해서 넘겨주고 display는 결과를 표시해 주지요.

cifar10 데이터셋 읽어들이기

```
ln[5]:   train, test = ds.get_cifar10()
         xtrain, ttrain = con.concat_examples(train)
         xtest, ttest = con.concat_examples(test)
```

 MNIST와 같이 ds씨에게 부탁하면 되는 거네.

 훈련 데이터와 시험 데이터의 추출 방법도 같아요.

데이터의 크기 확인하기

```
ln[6]:   Dtrain, ch, Ny, Nx = xtrain.shape
         print(Dtrain, ch, Ny, Nx)
```

 MNIST와 달리 컬러 이미지라서 ch = 3으로 하는 거구나.

 점점 취급하는 데이터가 복잡해지기 시작하네요.

신경망 구축하기

```
ln[7]:   C = ttrain.max() + 1
         H1 = 32
         layers = {}
         layers["cnn1"] = ohm.CNN(ch, H1)
         layers["cnn2"] = ohm.CNN(H1, H1)
         layers["cnn3"] = ohm.CNN(H1, C)

         NN = Chain(**layers)

         def model(x):
```

```
h = NN.cnn1(x)
h = NN.cnn2(h)
h = NN.cnn3(h)
y = F.mean(h, axis = (2, 3))
return y
```

 전결합 신경망 대신에 F.mean?

 과잉 학습을 방지하기 위해 전체 평균 풀링이 효과적이지요.

GPGPU 설정하기

ln[8]:
```
gpu_device = 0
cuda.get_device(gpu_device).use()
NN.to_gpu()
```

최적화 방법 설정하기

```
optNN = Opt.MomentumSGD()
optNN.setup(NN)
```

학습 기록을 남길 장소 준비하기

```
train_loss = []
train_acc = []
test_loss = []
test_acc = []
result = [train_loss, train_acc, test_loss, test_acc]
```

 사전 준비는 늘 하던 대로!

 여기서 데이터를 GPU로 전송하진 않아요.

결계 펼치기

ln[9]:
```
nepoch = 50
batch_size = 1000
train_iter = siter(train, batch_size)
while train_iter.epoch < nepoch:
    batch = train_iter.next()
    batch = ds.TransformDataset(batch, ohm.flip_labeled)
    batch = ds.TransformDataset(batch, ohm.shift_labeled)
    xtrain, ttrain = con.concat_examples(batch)
    data = cuda.to_gpu([xtrain, xtest, ttrain, ttest])
    ohm.learning_process_classification(model, optNN, data,
                                        result, 1)
```

 siter(train, batchsize)로 데이터를 나누고 있구나.

 train_iter.next()로 다음 덩어리를 보내지요.

학습 기록 살펴보기

ln[10]:
```
ohm.plot_result2(result[0], result[1], "loss function",
                 "step", "loss function", 0.0, 4.0)
ohm.plot_result2(result[2], result[3], "accuracy", "step",
                 "accuracy")
```

 훈련할 때와 테스트할 때 오차 함수가 너무 바뀌지 않도록 연구하는구나.

 훈련 데이터에 대한 성적이 지나치게 올라가면 과잉 학습일지도 몰라요.

왕비님의 발견

Chain(l1 = L.Linear(N,C),…)라고 쓰던 것을 다음과 같이 쓰고

```
layers = {}
layers["이름"] = 넣고 싶은 신경망
```

Chain(**layers)라고 해도 마찬가지였다.
( )는 함수에서 인수를 넣는 부분에서 사용하는 괄호이다.

혹시 함수명(인수1, 인수2, …)처럼 인수가 많을 때도 쓸 수 있을까?

```
args ={}
args["인수명"] = 넘기고 싶은 것
```

위와 같이 작성한 후, 예를 들어 함수명(**args)라고 해도 될지 시도해 보았다.
오, 됐다!

제 **7** 장

적대적 생성 네트워크

너무 집순이인 백설공주

 **7-1** # 자신의 데이터셋 준비하기

고대 문명 규명에 애쓰는 소녀, 세 난쟁이에 마법의 거울.

고대 문명이 일찍이 번영하던 무렵에는 '심층 학습'이라고 이름 붙인 기술로, 여러 가지 데이터로부터 식별이나 회귀 등을 자동으로 실행하는 시스템이 생겨날 것으로 생각한 이들. 여러 가지 요소 기술이 있었지만, 그것을 잘 결집해서 드디어 그 진가를 발휘했습니다. 남은 최대의 수수께끼는 고대인이 자취를 감춰 버린 이유. 그 밖에도 고대 문명에는 여전히 해명해야 할 것이 남아있습니다.

그러던 차에 임금님께서 이 고장의 공작의 영애를 왕비로 맞이하신다는 소식이 들려왔고, 백성들이 너무 기뻐서 거리가 온통 들끓고 있는 것 같습니다. 백설공주는 난쟁이 중 한 명과 함께 오랜만에 거리에 나와서 그 분위기를 즐기면서 쇼핑을 하고 있었습니다. 그런데 거리 모습이 좀 이상한 것 같네요.

 쇼핑은 이만하면 되겠지?

 충분해! 충분해!

 어머, 뭘까? 사람이 모여 있어!

 오호호. 그래 내가 왕비가 되는 거야.

 어, 설마 공주님이 오셨나?

 야아, 경사났네. 경사났어. 저희가 키운 채소랍니다!

 직접 잡은 멧돼지예요. 어서 오세요!

어머, 백성들 모두 고마워.

 공주님이 이런 곳에?

 수상해! 수상해!

 공주님이 저런 사람이었나? 저런 얼굴이라는 느낌도 들지만, 좀 다른 거 같지 않아?

 마법 거울! 마법 거울!

 아? 그런가! 만약 저 사람이 가짜라면 마법 거울은 간파할 수 있을지도 몰라!

다녀왔어, 저기 다들 큰일이야!

 다녀왔어! 다녀왔어!

 오, 공주~ 어서 와! 무슨 일이야?!

 가짜 공주가 나타난 걸지도 몰라!

 가짜라고?

 마을에서 봤는데, 뭔가 내가 동경하던 공주님과는 좀 다른 느낌이라서!

 역시 공주는 골수팬답다니까~

 헷갈리게 말하지 말아줘. 그래! 마법 거울의 힘을 발휘할 수 있지 않을까 생각해서 급히 돌아온 거야.

 가짜 공주님인지 조사한다는 거야?

 이미지 데이터가 많으면 학습해서 가짜를 간파할 수 있을 거예요. 진짜 공주님 얼굴을 알 수 있는 게 뭔가 없을까요?

 임금님의 결혼 뉴스가 실려 있는 이 신문은 어때?

 좋아요. 제 사진 기능을 사용해 신문에 실린 사진을 이미지 데이터로 기록할 수 있어요.

 아~ 그래도 좀 더 다양한 이미지가 많이 있으면 학습하기 쉬워요.

 알았어! 공주님의 초상화 컬렉션을 다 가지고 올게.

 그, 그런 걸 갖고 있다니!

골수팬이구나.

 골수팬! 골수팬!

황공하게도 공작님의 영애인 공주님의 사진 자료를 내 컬렉션에서 몇 개 가져와 마법 거울에 학습시키기로 했다. 학습하려면 우선 이미지 데이터를 읽어와서 관리해야 하기 때문에 이미지를 다루는 마법에 대해 조사해 보았다.

이미지를 다루는 마법은 'PIL' 또는 'pillow'라고 부르는 신들이 담당하고 있다.

미리 신의 제단 '터미널'에서 다음과 같은 의식을 거행할 필요가 있다.

```
pip install pillow
```

마법 거울에 기록해 둔 공주님의 이미지 데이터를 불러오는 것은 다음과 같은 마법 주문으로 충분하다.

```
(마법 주문: 직접 준비한 이미지 데이터 불러오기)
import PIL.Image as im
idata = im.open("파일명")
```

'Image'라는 신을 호출하고 여기서는 'im'으로 생략해서 부르고 있다.

im.open("파일명")이라는 마법으로 기록된 이미지 데이터를 불러올 수 있다. 우리가 jupyter notebook을 이용해 마법 주문을 기록하는 장소에 이미지 데이터를 저장해 두면 그대로 이용할 수 있다.

이 Image 신은 이미지 데이터를 다루는 데는 따를 자가 없으므로 시험 삼아 이미지의 크기를 바꾸는 마법을 이용해 보기로 했다.

```
(마법 주문: 이미지의 크기 변경하기)
idata_resize = idata.resize((64, 64), im.BICUBIC)
```

idata.resize( ) 안에 크기 변경 후의 형태를 세로, 가로 순서로 기재하는데, 여기서는 세로 64, 가로 64로 지정(64,64)하기로 했다. im.BICUBIC은 이미지의 크기를 바꾸는 방법을 지정하는 부분이다. 그 밖에도 다양한 유파가 있는 마법 같고 회전시킬 수도 있다.

```
(마법 주문: 이미지 회전)
idata_rotate = idata.rotate(45)
```

예를 들어, 이렇게 하면 왼쪽으로 45도 회전시킬 수 있다. 회전으로 생긴 공백은 기본적으로 검은색이 된다. 좌우반전이나 상하반전도 문제없다.

```
(마법 주문: 이미지의 상하반전, 좌우반전)
idata_lr = idata.transpose(im.FLIP_LEFT_RIGHT)
idata_tb = idata.transpose(im.FLIP_TOP_BOTTOM)
```

이미지에는 3원색의 데이터가 포함되어 있으므로 그 세 가지 데이터를 분할해서 추출할 수도 있다.

```
(마법 주문: 3원색 데이터 추출하기)
idata_r, idata_g, idata_b = idata.split()
```

이미지를 표시하는 것도 Image 신의 힘으로 가능하다. 또한 Image 신의 힘으로 idata 라고 쓰는 것만으로도 이미지를 표시할 수 있고, 이렇게 변경한 데이터를 저장해 둘 수도 있다.

(마법 주문: 이미지 저장하기)

```
idata.save("원하는 파일명")
```

이와 같이 자유롭게 추출한 이미지 데이터는 numpy 신의 asarray 마법을 이용해서 다루기 쉬운 수치 데이터로 변환할 수 있다.

(마법 주문: 이미지 데이터를 수치 데이터로 변환하기)

```
image_data = np.asarray(idata)
```

 굉장해. 지식의 샘에서 가져온 이미지뿐만 아니라 우리가 기록한 이미지도 이용할 수 있구나! 이렇게 하면 데이터의 형태를 알 수 있어.

```
print(image_data.shape)
```

결과를 보면 세로 크기, 가로 크기, 그리고 3이라는 숫자가 나오네. 3은 채널 수일까? 색에 대한 세 가지 정보가 있다는 말이겠지.

 어라, 합성곱 신경망이란 걸 사용할 때는 채널 수, 세로, 가로 순서였는데.

 분명히 그랬지. Image 신으로 읽어온 이미지 데이터는 세로, 가로, 채널 수 순서야. 그리고 chainer의 신이 다루는 이미지 데이터는 채널 수, 세로, 가로 순서가 되는 것 같아.

 transpose로 순서를 바꾸는 게 좋겠어.

어느새 모두 파이썬을 아무렇지 않게 사용할 수 있게 됐구나!

이미지 데이터를 기록하는 방식은 신마다 파벌이 있었다. 사이가 좋은지, 나쁜지는 신경 쓰지 말자.

```
(마법 주문: 이미지 데이터에서 chainer용 데이터로)
chainer_data = image_data.transpose(2, 0, 1)
(마법 주문: chainer용 데이터에서 이미지 데이터로)
image_data = chainer_data.transpose(1, 2, 0)
```

이렇게 변환 규칙을 정해 두면 헤매지 않으므로 메모해 두자.

 이렇게 세상에 있는 풍경이든, 얼굴이든 뭐든지 기록해서 차례대로 신경망을 이용해 학습시키면 마법 거울에게 현대에 대해 가르쳐 줄 수 있겠어!

 진심이야? 그럼 마법 거울을 더 연마한다는 거네.

 이제 공주님의 이미지 데이터를 마법 거울에 집어넣고 폴더로 정리해 둘게. 폴더 이름은 princess_fig로 하자.

 폴더?

많은 이미지 데이터가 있는 경우에는 '폴더'라는 묶음으로 정리하면 좋다. 마법 거울 안에 있는 폴더에서 다음과 같이 데이터를 불러올 수 있다. 이 경우 하나하나 기록된 데이터를 '파일'이라고 부른다.

폴더 안에 묶은 파일의 기록을 관리하는 os 신의 힘을 빌린다.

이 마법을 이용할 때도 신의 제단 '터미널'에서 다음과 같은 의식을 행할 필요가 있다.

```
pip install os
```

마법 주문을 기록하는 폴더 안에 'princess_fig' 폴더를 만들고 그 안에 이미지 데이터를 저장해 둔다.

(마법 주문: 폴더 안에 있는 파일의 목록 가져오기)
```
import os
folder = "princess_fig"
image_files = os.listdir(folder)
```

먼저 이미지 데이터를 모아둔 폴더의 이름을 folder에 지정한다. 여기서 큰따옴표("")로 묶는 것은 파일명이나 폴더명을 신에게 전달하기 위한 규칙이다.

다음에 파일을 특히 잘 다루는 os 신의 협력을 얻어 os.lisdir(folder)로 모아둔 **파일의 목록(리스트)**을 가져온다. 리스트를 표시하려면 print(image_files)라고 하면 된다.

이와 같이 복수의 이미지 데이터를 모은 데이터셋을 준비해 신경망 최적화에 이용한다. 이때 이용하는 것이 chainer의 신 중 하나인 datasets, 말하자면 ds씨다. image_files의 리스트에 있는 이미지 데이터를 모아서 데이터셋으로 만드는 것이 ds.ImageDataset이다.

(마법 주문: 복수의 이미지 데이터를 데이터셋으로 변환하기)
```
import chainer.datasets as ds
dataset = ds.ImageDataset(image_files, root = "princess_fig/")
```

root="princess_fig/"라고 한 이유는 여기에 **"image_files 리스트에 게재된 파일이 있어요."**라고 ds씨에게 알려주기 위해서다.

이렇게 해서 획득한 dataset에 어떠한 데이터가 저장되어 있는지 살펴보니 자동으로 chainer용 데이터 형태로 되어 있는 것을 알았다.

print(dataset[0].shape)라고 마법 주문을 써보니 채널 수인 3이 처음에 표시되었기 때문이다.

이 밖에도 dataset[0]의 수치 형식이 numpy 신의 영향 안에 있어서 np.float32로 변환되어 있었다는 것이 흥미롭다. 그 모습은 다음의 마법 주문으로 간단히 알 수 있다.

(마법 주문: 수치의 유형 조사하기)

```
print(dataset[0].dtype)
```

 chainer의 신에게는 np.float32로 데이터를 바쳤었나?

 그에 맞게 변형되는 것 같아. 편리하네!

 np.float32라면 0부터 1까지의 수치로 되어 있을 거라고 생각했는데, print(dataset[0])으로 데이터의 내용을 보면 꽤 큰 수처럼 보여. 이거 봐! 255.라거나.

 하지만 지난번에 시간적으로 변동하는 데이터일 때는 더 크지 않았어?

 아, 아마도 그건 원래 이미지 데이터가 np.int8이었기 때문일 거예요.

 int8! int8!

int라면 정숫값이지? 그게 왜?

 int8인 이미지 데이터를 불러오면 0부터 255까지 256개의 정숫값을 사용한다는 의미가 되지요. 2의 8제곱, 즉 2를 8번 곱하면 256이 된다는 거예요.

 그럼 np.float32라는 것은 2를 32번 곱한 숫자까지 사용할 수 있는 말이야?

 float은 '부동 소수'라고 해서 소수점을 움직여서 커다란 수치나 작은 수치를 다루는 방법이에요. 어느 정도 규모의 수치를 다룰지 32가 크기를 나타내는 건 맞아요. 하지만 단순히 32번 곱하는 게 아니라 자릿수나 플러스 마이너스 부호도 고려해서 수치를 결정해요.

 흐음~ 데이터의 수치는 크다 작다만이 아니구나.

 뭐 어렵게 생각하지 않아도 괜찮지만, plt.imshow()로 이미지를 표시할 때는 꽤 신경 쓰이는 문제예요. float32에서는 0부터 1까지의 수치로 지정할 필요가 있어요. 반면 int8에서는 0부터 255까지의 정숫값으로 지정해야 하지요.

 그건 너무 다르네.

 이미지 데이터는 기본적으로 정숫값을 이용해서 저장하는데, 대개는 np.int8이 될 거예요. 이것을 '256계조'라고도 하지요.

 그렇다는 말은 pillow의 신은 np.int8인 데이터를 다루지만, chainer의 신은 이미지 데이터를 다룰 때도 np.float32로 해 버리니 거기서 바꿔줄 필요가 있겠네.

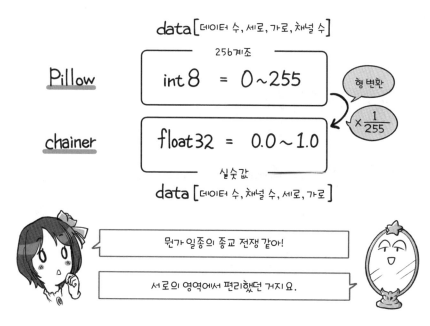

 신의 세계에서도 말이 통하지 않는다!! 이런 이야기야?

 안 통해! 안 통해!

 말이 안 통한다는 건 아주 어려운 문제지.

 고대인이 고대 문명을 버리고 이 땅을 떠나 버린 건 파이썬이 통하지 않게 됐기 때문일까?

 그건 모르지만, 적어도 우리는 파이썬을 몰랐어. 할아버지도 몰랐을 거라고 생각해.

 그 밖에도 np.int16으로 0부터 65535까지의 정숫값을 이용한 65536계조의 이미지 데이터도 있으니, 이미지 데이터를 읽어들일 때는 주의해야 해요.

 이미지 데이터를 다룰 때는 처음에 확인해 두는 편이 좋겠네.

완성된 dataset 안에서 시험 삼아 한 장을 꺼내 dataset[0]에 있는 이미지를 표시해 보았다.

```
(마법 주문: chainer용 데이터를 규격화해 표시하기)
import matplotlib.pyplot as plt
plt.imshow(dataset[0].transpose(1, 2, 0)/255)
plt.show()
```

여기서 이미 chainer용 형태로 되어 있는 이미지 데이터를 transpose로 변형한다. np.float32형 이미지 데이터를 plt.imshow로 표시하려고 최댓값인 255로 데이터를 나누었더니 무사히 공주님의 얼굴이 나왔다.

 아~, 역시 언제 봐도 멋있다! 반할 수밖에 없어.

 공주도 꽤 귀여워!

 귀여워! 귀여워!

 귀여운 게 아니라 멋진 여성을 목표로 하고 있거든!

 상당히 복잡하구나!

chainer용 데이터셋을 만든 후 전체에 대해 일괄적으로 변경시킬 수도 있다. 예를 들어, 이미지의 크기를 크게 하거나, 작게 하거나, 때로는 회전시킬 수 있다. 그때 Pillow 의 신들, 특히 Image 신의 힘이 도움이 되므로 그 힘을 도입해서 다음과 같은 마법을 준비했다.

```
(마법 주문: 데이터셋에 있는 이미지의 크기를 일률적으로 변경하기)
def transform64(data):
    data = data.astype(np.uint8)
    data = im.fromarray(data.transpose(1, 2, 0))
    data = data.resize((64, 64), im.BICUBIC)
    data = np.asarray(data).transpose(2, 0, 1)
    data = data.astype(np.float32)/255
    return data
```

여기서 data는 dataset[0]처럼 데이터셋에서 하나의 데이터를 꺼내온 것에 해당한다. 꺼낸 데이터를 어떻게 변경해갈지 이 자작 마법에 준비하고 있다.

우선 처음에 **chainer용 데이터에서 이미지용 데이터로 변환하려고 np.uint8로 변경**했다. numpy 신의 힘으로 마법 .astype(np.uint8)을 이용했다. 그런 다음, fromarray 마법을 이용해 numpy 신으로부터 Image 신에게 양도했는데, 여기부터는 Image 신의 영향 아래에 있다. resize를 이용하면 이미지의 크기를 변경하기가 쉽고, 회전시키거나, 색을 빼거나, 잘라낼 수도 있다.

변환을 마친 후 asarray 마법으로 다시 Image 신으로부터 numpy 신에게 넘겨준다. 이번에는 이미지 데이터에서 chainer용 데이터로 transpose로 형태를 변경한다.

이미지용 데이터에서 chainer용 데이터로 고치기 위해 np.float32로 변경한 후 int8의 최대치 255로 나누어서 plt.imshow에 의한 이미지도 쉽게 표시해 두었다.

```
(마법 주문: 데이터셋에 있는 이미지의 크기를 일률적으로 변경하기)
import chainer.datasets as ds
dataset = ds.TransformDataset(dataset, transform64)
```

이것으로 조금 전의 마법에 따라 데이터가 일률적으로 가공된다. dataset은 chainer
의 신들 중 ds씨에게 맡기면 가공뿐만 아니라 쉽게 이용할 수도 있다.

```
(마법 주문: 자작 데이터셋에서 읽어오기)
import chainer.dataset.convert as con
D = len(dataset)
Dtrain = D//2
train, test = ds.split_dataset_random(dataset, Dtrain)
xtrain = con.concat_examples(train)
xtest = con.concat_examples(test)
```

먼저 len(dataset)으로 데이터의 총 수를 구한다. 이때 총 수의 절반을 훈련 데이터의
수로 Dtrain에 넣었다.

datasets 신의 마법인 **split_dataset_random(dataset, Dtrain)을 이용해 train과
test로 나누었다**. dataset을 Dtrain개의 훈련 데이터와 나머지 D-Dtrain개의 테스
트 데이터로 나누는 것이다. **random이라고 되어 있듯이 적당히 데이터의 순서를 바
꾼다.**

순서를 바꿀 필요가 없는 경우는 ds.split_dataset(dataset, Dtrain)이라는 대체 마법이
있다. 이 정도 되면 평소처럼 하나의 이미지를 표시해서 제대로 데이터셋이 완성된 것
을 확인할 수 있다.

```
(마법 주문: 데이터 크기와 한 줄의 이미지 표시하기)
Dtrain, ch, Ny, Nx = xtrain.shape
print(Dtrain, ch, Ny, Nx)
plt.imshow(xtrain[0, :, :, :].transpose(1, 2, 0))
plt.show()
```

공주님의 얼굴이 확실하게 거울에 비춰졌다.

 좋~아, 그럼 말이야. 공주의 사진도 찍어보자!

 에? 왜 나를?! 가짜 공주님 문제는 어쩌고?

 모처럼의 기회이니까 고대 문명의 기술을 시험해 보자.

 그럼 제 눈 앞에 서주세요.

 네, 네!

 공주, 표정이 굳었어. 웃으라고 웃어!

 아, 연사로 찍을 거니까 여러 가지 표정으로 부탁해요!

 이렇게? 음~ 방긋!!

 방긋방긋! 방긋방긋!

 이걸로 기록되다니 대단한 기술이야.

공주님과 공주의 사진이 있으면 그걸 구분해서 식별하는 학습도 할 수 있겠구나.

 식별! 식별!

 맞아. 의외로 비슷해서 식별하기 어려울 수도 있어.

 엣, 정말?! 공주님이랑 나랑 닮았어?!

이렇게 내 얼굴 사진도 기록되어 자연스럽게 공주님과 내 얼굴을 식별해서 보게 되었다. 길거리에서 본 공주님이 진짜인지 빨리 알아보고 싶은데. 내 얼굴 사진은 모아서 'white_fig'라는 폴더에 넣어두었다.

공주님과 내 사진을 두 개의 폴더에 나누어 두면 폴더에 라벨을 붙인 데이터셋을 만들 수 있을 것이다. 즉 공주님은 0, 나는 1처럼 수치로 라벨을 붙인 데이터셋이다.

이렇게 하려면 조금 전 시도한 것처럼 차례대로 공주님의 사진이 들어있는 폴더에서 파일 목록을 읽어들인다. 여기에는 이미지 파일만 들어가야 하므로 주의한다.

(마법 주문: 지정한 폴더 안에 있는 파일명 가져오기)
```
import os
folder = "princess_fig"
image_files = os.listdir(folder)
```

우선 이 파일 목록을 준비한 리스트에 넣는다.

```
(마법 주문: 이미지의 라벨이 부착된 리스트)
labeled_list = []
for k in range(len(image_files)):
  labeled_file = (folder+"/"+image_file[k],0)
  labeled_list.append(labeled_file)
```

가장 먼저 labeled_list라는 빈 리스트를 준비한다. 계속해서 반복할 명령을 for문으로 만든다. 횟수는 len(image_files)로 되어 있는 것처럼 이미지 파일의 개수만큼 반복한다.

내용은 folder에 들어있는 폴더명에 읽어들인 파일명을 +하는 것으로, 한 덩어리의 파일명으로 이루어진 리스트를 만든다. 사이에 있는 "/"는 폴더명과 파일명을 구분하는 칸막이다. 여기서 마지막에 0으로 되어 있는데, 이것은 첫 번째 그룹에 속하는 이미지라는 뜻이다. 지금은 공주님의 사진으로 구성된 그룹을 첫 번째로 지정한다.

다음으로 labeled_list에 append하는데, 덧붙이는 마법을 이용해서 완성하는 것이다.

자, 이어서 내 사진을 모아 둔 폴더에서 파일명 리스트를 가져와서 덧붙인다.

```
(마법 주문: 다른 폴더로부터 덧붙이기)
folder = "white_fig"
image_files = os.listdir(folder)
for k in range(len(image_files)):
  labeled_file = (folder+"/"+image_file[k],1)
  all_list.append(labeled_file)
```

여기서 labeled_file의 마지막에 0 대신 1을 넣어 두 번째 그룹으로 지정했다. 0 라벨을 가진 공주님의 사진 리스트와 1 라벨을 가진 내 사진 리스트가 연결된 리스트를 준비한 것이다. 계속해서 다른 그룹도 덧붙일 경우에는 이미지를 저장하는 폴더명을 바꿔서 반복하고 라벨을 2, 3, 4로 늘린다.

이왕 만든 김에 자작 마법으로서 준비해 두는 게 좋을 것이다.

---

princess.py에 추가하기

(마법 주문: 라벨 붙은 이미지 데이터를 읽어들이는 자작 마법)

```python
import os
def add_labeled_data(folder, i, all_list):
  image_files = os.listdir(folder)
  for k in range(len(image_files)):
    labeled_file = (folder+"/"+image_files[k], i)
    all_list.append(labeled_file)
  return all_list
```

magic!

곧바로 이 자작 마법을 이용해 공주님과 나를 식별하는 작업에 도전해 보자.
우선 모듈은 다음과 같이 불러온다.

Chapter7-princess_princess.ipynb

(마법 주문: 필요한 모듈과 자작 마법집 불러오기)

```python
import numpy as np
import matplotlib.pyplot as plt

import chainer.optimizers as Opt
import chainer.functions as F
import chainer.links as L
import chainer.datasets as ds
import chainer.dataset.convert as con
from chainer.iterators import SerialIterator as siter
from chainer import Variable, Chain, config, cuda

import princess as ohm
```

이어서 공주님과 내 데이터셋을 준비한다.

(마법 주문: 자작 마법을 이용해 라벨 붙은 데이터셋 준비하기)
```
all_list = []
ohm.add_labeled_data("princess_fig", 0, all_list)
ohm.add_labeled_data("white_fig", 1, all_list)
```

이렇게 모은 파일 리스트는 라벨이 붙어 있기 때문에 데이터셋을 만들 때 이용하는 마법도 조금 달라진다.

(마법 주문: chainer용 데이터셋으로 변환하기)
```
dataset = ds.LabeledImageDataset(all_list)
```

조금 전와 마찬가지로 데이터셋의 이미지를 일률적으로 확대, 축소 등의 변환을 하는 마법도 준비할 수 있다. 단, 이 경우는 이미지 데이터뿐만 아니라 라벨도 있으므로 조금은 주의할 필요가 있다.

princess.py에 추가하기

(마법 주문: 라벨이 있는 데이터를 일률적으로 변환하기)
```
import PIL.Image as im
def labeled64(labeled_data):
  data, label = labeled_data
  data = data.astype(np.uint8)
  data = im.fromarray(data.transpose(1, 2, 0))
  data = data.resize((64, 64), im.BICUBIC)
  data = np.asarray(data).transpose(2, 0, 1)
  data = data.astype(np.float32)/255
  return data, label
```

이미지와 라벨이 모두 들어간 labeled_data를 data와 label로 분리하고 data만 가공한다. 이 data 가공 방법은 지난 번에 기록한 것과 같다. 이 변환 방법에 따라 데이터셋을 한 번에 처리할 수 있다. 정말 chainer의 신들은 위대하다.

Chapter7-princess_princess.ipynb

(마법 주문: 라벨 있는 데이터셋 가공하기)

```
dataset = ds.TransformDataset(dataset, ohm.labeled64)
```

 사진이 어떤지 한 장 보자.

 으음, 지난 번과 조금 다르네.

(마법 주문: 라벨 있는 데이터셋 가공하기)

```
plt.imshow(dataset[0][0].transpose(1, 2, 0))
plt.show()
```

 dataset[0]이 아니구나.

 라벨이 있으니까, dataset[0][0]에는 이미지 데이터 부분이, dataset[0][1]에는 라벨이 기록되어 있는 모양이야. 처음에 나오는 0을 바꾸면 다른 데이터를 꺼낼 수도 있어.

 그럼 dataset[15][0]이면 공주도 나오는 거야?

 멋있어! 멋있어!

 에헷, 정말 고마워!

이 라벨이 붙은 이미지 데이터셋을 사용해서 신경망에 의한 이미지를 분류한다. 우선 데이터셋에서 훈련 데이터와 시험 데이터를 분리한다. 이에 대해서는 이전의 마법과 완전히 동일하게 수행할 수 있다.

```
Chapter7-princess_princess.ipynb

(마법 주문: 자작 데이터셋 분할하기)
D = len(dataset)
Dtrain = D//2
train, test = ds.split_dataset_random(dataset, Dtrain)
xtrain, ttrain = con.concat_examples(train)
xtest, ttest = con.concat_examples(test)
```

 이것만으로 제대로 되는 거 맞아? 역시 반응이 없으니 불안하네.

 데이터셋에서 훈련 데이터, 시험 데이터가 잘 분할됐는지 보려면 늘 하던 마법 주문으로 OK야.

공주님! 공주님!

 여기까지 되어 있으면 여느 때처럼 신경망을 설정하고 최적화만 하면 되는 느낌인걸.

비교적 단순한 이미지 데이터이므로 합성곱 신경망도 필요 없이 분류할 수 있었다. 그렇다고 해서 결코 공주님의 얼굴이 단순하게 되어 있다는 것은 아니다.

```
Chapter7-princess_princess.ipynb
```

(마법 주문: 신경망 구축하기)

magic!

```
C = 2
H = 10

layers ={}
layers["l1"] = L.Linear(None, H)
layers["l2"] = L.Linear(H, C)
layers["bnorm1"] = L.BatchNormalization(H)
NN = Chain(**layers)

def model(x):
  h = NN.l1(x)
  h = F.relu(h)
```

```
h = NN.bnorm1(h)
y = NN.12(h)
return y
```

위의 신경망을 설정한 후에 지금까지 한 것처럼 최적화 방법을 선택했고 GPU를 이용해서 최적화했다.

Chapter7-princess_princess.ipynb

(마법 주문: GPGPU 설정하기)
```
gpu_device = 0
cuda.get_device(gpu_device).use()
NN.to_gpu(gpu_device)
```
(마법 주문: 최적화 방법 설정하기)
```
optNN = Opt.MomentumSGD()
optNN.setup(NN)
```

 이제 신경망 최적화는 우리한테 맡겨요! 조상님들!

 맡겨! 맡겨!

 어디 보자, 누구의 얼굴을 식별시키는구나?

 이 공주와 말이야, 공작의 따님을 분류하는 거야.

 공작의 영애라니? 설마 멧돼지 해에 태어난 그 아이 말인가?

멧돼지! 멧돼지!

 멧돼지 해?

 너희들은 모르니? 이 근처엔 멧돼지가 주기적으로 많이 발생한단다.

 우리 난쟁이에겐 천적이라고. 튤립처럼 생긴 발자국을 보면 등골이 오싹해지지. 쫓겨다닐 때의 공포는 말할 수도 없이 커.

 수수께끼가 풀렸어! **'튤립을 보면 일단 도망쳐라.'**는 바로 이걸 말하는 거구나. 뭔가 별로 대단한 전설이 아니었어.

 무슨 소리를! 멧돼지를 바보 취급하면 안 된다!

 그 공포에 질려 우리 동료들은 모두 이 땅을 떠났던 거야.

 그래서 고대 문명의 기술이 이어지지 않았군요.

하지만 우리는 이 기술을 버리지 못하고 마법 거울에 숨어서 살기로 했지.

 그러다가 마법 거울째 묻혀버려서~

 나가려고 해도 나갈 수 없게 된 거지.

 어? 그럼 어떻게 공주님에 대해 알고 있는 거죠?

 이 마법 거울이 지식의 샘과 연결되어 있기 때문이지. 바깥 일을 아는 건 어렵지 않아.

 시간도 있고 해서 마법 거울에 말도 가리켰지. 이건 이것대로 고생이었어.

 이 마법 거울의 건방진 말투는 우리 젊은 시절의 판박이지. 우리는 완전히 둥글둥글해졌는데.

 (그런데 난쟁이들의 수명은 얼마나 되는 걸까?)

 그래, 맞아! 그 아가씨가 태어난 멧돼지 해는 주가가 엄청 출렁거렸지.

 아, 주가의 급격한 변화는 그 멧돼지 해의 일이군요. 신경망으로 예측할 수 없을 정도로 급격한 변화였어요.

 우리 젊은 시절부터 대단히 번창했던 그 유명한 형제의 가게도 문을 닫은 모양이라니까.

 아! 사회 교과서에서 배운 거다!

최적화 방법을 선택한 후 학습 기록, 데이터 설정도 지금까지와 완전히 동일하게 할 수 있다. 일련의 시스템이 우리 수중에 생겼다는 이야기가 된다.

```
(마법 언어: 학습 기록을 남길 장소 준비)
train_loss = []
train_acc = []
test_loss = []
test_acc = []
result = [train_loss, test_loss, train_acc, test_acc]
```

이 뛰어난 고대 문명도 물리적인 장애를 극복하지 못하고 주기적으로 빚어지는 멧돼지 해에 시달리자, 난쟁이들은 도망가기를 선택한 듯하다. 어쩌면 어딘가에 있는 다른 난쟁이들은 그대로 고대 문명을 발전시키고 있을지도 모른다.

```
Chapter7-princess_princess.ipynb
(마법 주문: 회귀용 결계 펼치기)
nepoch = 5
batch_size = 10
train_iter = siter(train, batch_size)
while train_iter.epoch < nepoch:
    batch = train_iter.next()
    xtrain, ttrain = con.concat_examples(batch)
    data = cuda.to_gpu([xtrain, xtest, ttrain, ttest])
    ohm.learning_classification(model, optNN, data, result, 1)
```

중간 학습 경과와 식별 결과를 보기 위해서는 다음과 같이 한다.

(마법 주문: 학습 기록 표시하기)

```
ohm.plot_result2(result[0], result[1], "loss function", "step",
                 "loss function", 0.0, 4.0)
ohm.plot_result2(result[2], result[3], "Accuracy test", "step",
                 "accuracy")
```

공주님과 나는 비교적 쉽게 식별할 수 있다는 것을 알았다. 몇 epoch로 거의 100%의 정답률이었다. 요컨대 그다지 닮지 않았기 때문에 알기 쉽다는 것일까? 어쩐지 안타깝다.

7-2 가짜를 만드는 생성 네트워크

 잠깐 기다려! 그렇게 놀고 있을 때가 아니야!

 놀고 있다니! 즐기긴 했어도 우린 언제나 진지하다고!

 그건 좋지만. 길거리에서 본 공주님이 진짜인지 빨리 알아보고 싶단 말이야!

 앗, 그랬지!

 진짜 공주님 사진은 확실하게 저장해 놨어요.

 이걸로 진짜 공주님을 학습하면 거리에서 본 공주가 가짜인지 알 수 있겠지?!

 진짜 공주님은 사진으로 이렇게 학습할 수 있지만~

 진짜! 진짜!

 가짜 공주님은 어떻게 학습하지?

 아, 그렇구나. 사진을 찍어온 것도 아니고? 내가 공주님 흉내를 내볼까?

 그럼 길거리에서 봤다는 가짜일지도 모르는 공주님과는 다르잖아.

아, 그거 좋네요. 이번에는 그 거리에서 본 사람과 진짜 공주를 식별하는 게 아니라 진짜 공주가 아닌지만 알면 되니까! 진짜와 다르지만, 매우 닮은 사진이 많이 있으면 OK입니다.

 그래? 그럼 공주뿐만 아니라 우리 모두 공주님 흉내를 내면 진짜가 아닌 사진을 많이 찍을 수 있겠는걸.

 하지만 우리는 공주님과 너무 안 닮았어. 백설공주조차 진짜 공주님과 쉽게 식별될 정도로 닮지 않았잖아.

 상처에 소금 뿌리지는 말아줘! 어떻게든 공주님을 매우 닮았지만 다른 사진을 많이 준비할 방법이 없을까?

 누군가의 사진을 찍는 게 아니라 인공적으로 사진을 만들어낼 순 없는 거야?

 사진을 만들어낼 수 있다면 조금씩 다른 사진을 무한히 많이 준비할 수 있어. 어떤 가짜가 나와도 확실하게 진짜를 판별할 수 있게 되고, 식별 능력이 좋아질 수도 있어.

 조금씩 다른 대량의 사진을 어떻게 준비하는지가 문제네. 아무리 너희들이 그림을 잘 그린다고 하지만 많이 그리기는 힘들겠지?

 바탕이 되는 사진을 조금씩 변형해서 다른 이미지로 만드는 건 어때?

 손으로 그리기는 힘드니 신경망을 이용하는 게 좋을지도 모르겠어. 신경망은 입력된 이미지를 잘 변형해서 원하는 형태로 바꿀 수 있는 기술이니까.

 그렇다면 변형할 바탕은 뭐든 좋으니까, 이미지가 아니라 **차라리 난수가 좋지 않아?**

난수로 만든다고?! 그럼 무한정으로 얼마든지 만들어낼 수 있을 거야! 그래서 어떤 이미지로 변형하면 되는 건데?

 판단이 어려울 만큼 가까운 이미지를 준비하면 되니까, 난수를 공주님 얼굴로 변형하는 네트워크를 만들면 되지 않을까? 만들어진 이미지는 공주님과 비슷하지만, 난수로 만든 공주님이니까 진짜 공주님은 아니잖아.

 그거 참 좋은 생각이야!

조사 98 일째

신경망의 능력을 이용해 난수를 씨앗으로 해서 가짜 공주님 사진을 만들어낸다. 어려운 일인지도 모르지만, 도전해 보기로 했다. 우선은 모듈의 읽기와 데이터셋 준비에서 시작한다.

평소 사용하는 모듈에 추가로 chainer의 신들로부터 optimizers_hooks 신을 호출하는데, 줄여서 'oph씨'라고 부른다.

Chapter7-GAN.ipynb

(마법 주문: 필요한 모듈과 자작 마법집 불러오기)

```
import numpy as np
import matplotlib.pyplot as plt

import chainer.optimizers as Opt
import chainer.functions as F
import chainer.links as L
import chainer.datasets as ds
import chainer.dataset.convert as con
from chainer.iterators import SerialIterator as siter
from chainer import optimizer_hooks as oph
from chainer import Variable, Chain, config, cuda

from tqdm import tqdm
from IPython import display
import princess as ohm
```
(마법 주문: 공주님의 데이터셋 준비하기)
```
all_list = []
ohm.add_labeled_data("princess_fig", 0, all_list)
```

(마법 주문: 데이터셋 읽기)

```
dataset = ds.LabeledImageDataset(all_list)
```

여기부터 이미지의 크기를 축소한 훈련 데이터를 준비한다. 마법 거울의 성능이나 거울을 조정하는 기술자의 능력에 따라서 더 큰 크기라도 학습을 실행할 수 있지만, 여기서는 64×64 크기로 변경하는 transform_labeled64를 이용했다.

(마법 주문: 데이터셋에서 훈련용 이미지 데이터 가져오기)

```
train = ds.TransformDataset(dataset, ohm.labeled64)
xtrain,_ = con.concat_examples(train)
```

지난번에는 xtrain, ttrain으로 이미지 데이터 부분과 라벨 데이터 부분을 추출했지만, 이번에는 라벨 데이터가 필요 없기 때문에 xtrain,_로 했다. **_를 두고 데이터를 받으면 읽지 않고 버릴 수 있다.**
잘 읽어들였는지 확인해 두려면 다음 마법 주문을 사용한다.
여기까지가 준비이다.

(마법 주문: 데이터 확인하기)

```
Dtrain, ch, Ny, Nx = xtrain.shape
print(Dtrain, ch, Ny, Nx)
```

자, 이번에는 두 개의 신경망을 만들 테니까 조금 생각해 보자.

 두 개! 두 개!

 왜 두 개가 필요한 거야? 난수로 공주님 사진을 만들어내는 신경망이 있으면 되는 거 아니야?

 사진을 만들어내기만 한다면 만들어진 사진이 공주님과 닮았는지는 어떻게 판단해?

 우리가 눈으로 보면 닮았는지 알 수 있잖아.

 아주 닮은 가짜 사진이 나왔을 땐 진짜인지, 가짜인지 눈으로 알 수 없지 않을까?

 확실히 신경망으로 쉽게 식별할 수 있었던 공주님과 백설공주를 우리는 닮았다고 생각했으니 우리 눈은 믿을 수가 없어.

 자꾸 상처를 후벼파는구나! 하지만 뭐 그런 거지. 그러니 **공주님과 닮은 사진을 만들어내는 신경망**과 **공주님의 사진이 진짜인지, 가짜인지 판단하는 신경망**, 이렇게 두 개를 준비해서 양쪽을 동시에 학습하면 될 거라 생각해.

 왠지 대결 구도가 된 것 같네.

 라이벌이 있으면 성장한다? 그런 느낌이야.

우선 **적당한 난수로부터 가짜 공주님의 사진을 만들어내는 신경망**을 준비한다. 사진을 만들어내는 부분을 특히 '**생성 네트워크**'라고 부르는 것 같다. zsize로 지정한 수의 난수로 사진을 만들어내는 전결합형 신경망에서 사진의 바탕이 되는 크기로 넓힌다. 거기서부터 역방향 합성곱 신경망을 이용해서 공주님의 가짜 사진을 만들도록 구성했는데, 여기서 문득 깨달은 것이 있다. Chain이라는 클래스를 상속하여 신경망의 몇 가지 조합을 만들 수 있다는 사실을 떠올렸다. 우리가 만들려고 하는 신경망 전체도 마찬가지로 정리해서 기술할 수 있는 건 아닐까?

Chapter7-GAN.ipynb

(마법 주문: 생성 네트워크 설정하기)

```
class Generator(Chain):
  def __init__(self, zsize, Nx = Nx, Ny = Ny, H1 = 256*ch,
              H2 = 64*ch, H3 = 16*ch, H4 = 4*ch):
    layers = {}
    layers['l1'] = L.Linear(zsize, Ny//16 * Nx//16 * H1)
    layers['bnorm1'] = L.BatchNormalization(H1)
    layers['dcnn1'] = ohm.CBR(H1, H2, "up")
    layers['dcnn2'] = ohm.CBR(H2, H3, "up")
    layers['dcnn3'] = ohm.CBR(H3, H4, "up")
    layers['dcnn4'] = ohm.CBR(H4, ch, "up")
    super().__init__(**layers)
  def __call__(self, x):
    h = self.l1(x)
    h = F.dropout(h)
    h = F.relu(h)
    h = h.reshape(len(h), 256*ch, 4, 4)
    h = self.bnorm1(h)
    h = self.dcnn1(h)
    h = self.dcnn2(h)
```

```
h = self.dcnn3(h)
h = self.dcnn4(h)
y = F.clip(h, 0.0, 1.0)
return y
```

우선 Generator라는 클래스를 만드는데, 이 클래스는 생성 네트워크를 만들어내는 천사다. zsize는 난수로, 채널 수나 신경망 크기 등을 디폴트 인수로 미리 설정한다. 전결합 네트워크를 1층, 배치 정규화를 1회 거치고, 역방향 합성곱 신경망을 4층 거치는 구조로 했다. 여기까지의 내용이 def __init__에 쓰여 있고, def __call__에는 실제 사용법이 제시되어 있다. 우선 입력된 난수인 z로 전결합 네트워크를 한 층 거치고 배치 정규화를 시행한다. 비선형 변환으로서 F.relu를 이용했고 결과를 h.reshape(len(h), 256, 4, 4)로 해서 합성곱 신경망에 넘겨준다.

2배, 4배, 8배, 16배로 **4회 역방향 합성곱 신경망을 시행**해서 적절한 이미지 사이즈인 64×64가 되도록 처음에는 4×4 사이즈로 한다. 이 **생성 네트워크가 속이는 역할**을 하고 진짜와 닮은 가짜 공주님을 난수로 만들어내는 역할을 한다. 여기서 역방향 합성곱 신경망 대신, 픽셀 셔플러와 합성곱 신경망을 중복해서 이용해도 좋다. 이렇게 해야 빨리 학습이 끝날 수도 있다. 마지막으로 F.clip(h, 0.0, 1.0)이라는 특이한 비선형 변환을 이용했고, 이미지 데이터를 만들기 위해 0.0에서 1.0 사이의 수치로 결과를 가둔다. '시그모이드 함수를 사용해도 될까?' 하고 생각했지만, **최적화가 어려워진다**는 난쟁이들의 의견에 따라 피하기로 했다.

그런데 해당 생성 네트워크에서 만들어진 가짜 공주님을 가짜라고 판별하는 것이 **식별 네트워크**로, 이것을 따로 준비할 필요가 있다. **생성 네트워크는 식별 네트워크를 잘 속일 수 있도록 학습하고, 식별 네트워크는 생성 네트워크에 속지 않도록 학습**하는 것이다.

(마법 주문: 식별 네트워크 생성하기)

```
class Discriminator(Chain):
    def __init__(self, C, ch = ch,
                 H1 = 64, H2 = 128, H3 = 256, H4 = 512):
        layers = {}
        layers["cnn1"] = ohm.CBR(ch, H1, "down",
                                 bn = False, act = F.leaky_relu)
        layers["cnn2"] = ohm.CBR(H1, H2, "down",
                                 bn = False, act = F.leaky_relu)
        layers["cnn3"] = ohm.CBR(H2, H3, "down",
                                 bn = False, act = F.leaky_relu)
        layers["cnn4"] = ohm.CBR(H3,H4,"down",
                                 bn = False, act = F.leaky_relu)
        layers["l1"] = L.Linear(None,C)
        super().__init__(**layers)
    def __call__(self, x):
        h = self.cnn1(x)
        h = self.cnn2(h)
        h = self.cnn3(h)
        h = self.cnn4(h)
        h = self.l1(h)
        y = F.dropout(h)
        return y
```

생성 네트워크와 마찬가지로 클래스 상속을 이용해 식별 네트워크를 만들어내는 천사를 준비했다. 디폴트 인수로서 채널 수는 데이터를 그대로 이어받도록 했다. 또 마지막의 출력 수치를 C로서 선택할 수 있도록 했다. 이것은 진짜 같은지, 가짜 같은지를 보여주는 수치를 C개만 출력한다는 뜻이다. 복수 출력해도 된다.

중간엔 4단계의 합성곱 신경망을 거친다. 그 사이에 평소에 하던 배치 정규화를 이번에는 하지 않고, bn = False로 했다. 배치 정규화를 하면 제대로 엄격하게 식별하게 되는데, 식별 네트워크가 처음부터 엄격하고 완벽하게 가짜와 진짜를 구분해 버리면 **가짜를 만들어내는 생성 네트워크가 패배를 인정해 버려서 제대로 속이려고 하지 않게 되는 현상**이 일어난다. 따라서 F.relu 대신 F.leaky_relu를 사용하고 있다.

이것은 깊은 네트워크로 점점 특징을 파악하기 어려워지고 있기 때문이다. 또 마지막에 전결합을 사용해 결과를 정리하고 있다. 좀 더 깊은 네트워크일 때는 F.mean(h, (2,3))을 대신 사용해도 좋다.

생성 네트워크가 개선 방안을 쉽게 찾으려면 식별 네트워크를 지나치게 엄격하지 않게 해야 좋은 결과가 나오는 경향이 있다. **생성 네트워크는 식별 네트워크를 의지**하고 있기 때문이다. 좋은 경쟁자는 서로 이기고 지는 것이 적절한 관계이다. 마지막으로 이들 신경망을 사용할 때는 다음 마법 주문으로 호출하면 된다.

Chapter7-GAN.ipynb

```
(마법 주문: 두 개의 네트워크 만들기)
zsize = 2
C = 1
gen = Generator(zsize)
dis = Discriminator(C)
```

 어? 이것뿐이야?

 굉장해! 굉장해!

 이렇게 손쉽게 신경망을 2개나 만들 수 있는 거야?

 그렇다니까. 물론 아까 class로 시작하는 긴 마법 주문을 작성해 두었지만, 그걸 한 번 써서 남겨두면 이렇게 바로 불러낼 수 있으니까 편리하지.

그런데 2개의 신경망이 있기 때문에 **각각의 신경망용으로 최적화 방법**을 준비해야만 한다. 우선 생성 네트워크용으로 준비하고, 이어서 식별 네트워크용으로 준비한다.

```
Chapter7-GAN.ipynb

(마법 주문: 학습 방법 결정하기)
optgen = Opt.Adam(alpha = 0.0005, beta1 = 0.5)
optgen.setup(gen)
#optgen.add_hook(oph.GradientClipping(0.1))

optdis = Opt.Adam(alpha = 0.0001, beta1 = 0.5)
optdis.setup(dis)
#optdis.add_hook(oph.GradientClipping(0.1))

cuda.get_device(0).use()
gen.to_gpu()
dis.to_gpu()
```

이번에는 양쪽 네트워크에 'Adam'이라는 같은 학습 방법을 선택했다. 단, 여기서는 식별 네트워크의 학습 속도를 결정하는 인수를 생성 네트워크의 인수와 다르게 해서 학습을 진행하는 속도를 억제하기로 했다.

Adam에는 **'alpha'라는 학습률, beta1, beta2라는 인수**가 있어서 **alpha 학습의 속도를 조절할 수 있다. beta1, beta2는** 기세의 강도를 결정한다.

MomentumSGD와 SGD에선 lr이라는 인수로 학습 속도를 설정할 수 있다. alpha나 lr의 값을 크게 하면 학습을 빠르게 진행하라고 지시하는 것이다. 식별 네트워크에서 이들 값을 크게 지정하자, 새까만 이미지만 나와서 크게 실패했고, 잘 안 되면 oph씨의 도움을 받아 add_hook이라는 마법을 이용한다.

optgen.add_hook(oph.GradientClipping(0.1))이나 optdis.add_hook(oph. GradientClipping(0.1))을 도입해 **'기울기 값을 잘라'** 기세를 억제하면 좋다. 여기서 **#을 안 붙이면 실행되고, #을 붙이면 실행되지 않는다.**

신경망의 최적화에서는 기울기를 이용해 어느 방향으로 개선하면 좋은지를 조사한다. 그 기울기의 크기가 갑자기 커지는 걸 막는 것이 바로 **'기울기 클리핑(gradient clipping)'**인데, 최댓값을 설정할 수 있어서 설정한 크기를 넘지 않게 해 준다. 또한 생성 네트워크가 얼마나 잘 가짜 공주님을 만들어내고 있는지, 식별 네트워크가 얼마나 속지 않도록 노력하고 있는지, 중간 경과를 보는 것이 매우 중요했다. result에는 두 개의 결과가 기록되도록 설정했다.

Chapter7-GAN.ipynb

(마법 주문: 학습 기록 준비하기)

```
train_gen_loss = []
train_dis_loss1 = []
train_dis_loss2 = []
result = [train_gen_loss, train_dis_loss1, train_dis_loss2]
```

---

train_gen_loss는 **얼마나 생성 네트워크가 잘 속이는지 보여주는 정도**를 기록한다. 그리고 train_dis_loss1은 **얼마나 식별 네트워크가 속지 않는지**, train_dis_loss2는 **진짜 공주님의 사진을 바르게 인식하는지 보여주는 정도**를 기록하고 있다. 각각 값이 작은 편이 생성용은 잘 속이고 있고, 식별용은 확실하게 인식하고 있음을 나타낸다.

마지막으로 대결할 무대를 마련해야 한다. 결계를 펼쳐서 생성 네트워크와 식별 네트워크를 경쟁시키는데, 우선 생성 네트워크를 학습해 보자.

---

princess.py에 추가하기

(마법 주문: 적대적 생성 네트워크 학습을 하는 자작 마법)

```
def learning_GAN(gen, dis, optgen, optdis, data, result, T = 1):
  for time in range(T):
    optgen.target.cleargrads()
    ytemp = generator(data[1])
```

```
⇨⇨ with chainer.using_config("train",False):
     ytrain_false = dis(ytemp)
   loss_train_gen = 0.5*F.mean((ytrain_false-1.0)**2)
   loss_train_gen.backward()
   optgen.update()                                    (계속)
```

필요할 경우 T를 크게 하고 tqdm을 range(T)에 붙여 시간을 측정할 수 있게 해도 좋다. 왜냐하면 이 두 네트워크의 대결이 생각보다 시간이 걸리기 때문이다. 서로 열심히 갈고 닦아 계속해서 갖은 수를 다 써서 경쟁자에게 지지 않으려고 하기 때문에 좀처럼 결판이 나지 않는 것이다.

최초로 초기화를 하는 곳은 언제나 하던 대로다. 대규모 신경망을 이용하게 되므로 cleargrads로 초기화해 기억해 둘 정보량을 줄여둔다. 먼저 **생성 네트워크 gen에서 적당한 난수 data[1]을 받고 가짜 공주님 사진을 만드는데**, 그것이 ytemp이다. 다음으로 **ytemp를 식별 네트워크 dis에 넣어 가짜 공주를 진짜 같다고 판단했는지, 가짜 같다고 판단했는지 ytrain_false에 기록한다.**

이 ytrain_false의 결과를 이용해 식별 네트워크에는 지금 들어온 사진이 가짜라는 것을 알려줄 수 있다. 하지만 생성 네트워크에 대해서는 진짜라고 오해하게 만들기 위해 여기를 잘 하면 된다고 알려주고 싶다. 이 마법 주문은 생성 네트워크의 학습이므로 식별 네트워크에 진짜라고 말하게끔 유도한다. **들어온 사진이 가짜라도 식별 네트워크가 1을 내보내도록 하면** (ytrain_false)**2라는 제곱오차라고 부르는 것을 계산해서 yfalse가 1이 되도록 생성 네트워크는 능숙하게 상대를 속인다.

gen(data[1])로 생성 네트워크에 난수를 넣었을 때 여러 개의 난수 세트를 한 번에 넣는다. 이 난수 세트가 입력 데이터이고, 난수 세트의 수가 데이터 수이다.

ytrain_false에는 각 난수 세트에서 나온 가짜 사진이 진짜 같은지, 가짜 같은지, 난수 세트의 수만큼 결과가 기록되어 있다. 그 모든 난수 세트에 대한 결과로 얼마나 진짜 처럼 속일 수 있었는지 조사하기 위해 F.mean으로 평균을 구한다.

이 계산 결과, 도중에 이용된 신경망에 대해 loss_train_gen.backward( )로, 어디를 개선해야 생성 네트워크가 잘 성장할 수 있는지 조사한다. 그리고 이 결과를 바탕으로 생성 네트워크를 갱신한다.

이어지는 후반부는 식별 네트워크를 최적화한다. 서로 속이고 속으며, 실력을 계속 갈고 닦음으로써 성능이 우수한 생성 네트워크와 식별 네트워크를 만들어낸다.

(마법 주문: 식별 네트워크)

(계속)

```
⇨⇨ optdis.target.cleargrads()
   ytrain_false = dis(ytemp.data)
   ytrain_true = dis(data[0])
   loss1 = 0.5*F.mean((ytrain_false)**2)
   loss2 = 0.5*F.mean((ytrain_true-1.0)**2)
   loss_train_dis = loss1+loss2
   loss_train_dis.backward()
   optdis.update()
result[0].append(cuda.to_cpu(loss_train_gen.data))
result[1].append(cuda.to_cpu(loss1.data))
result[2].append(cuda.to_cpu(loss2.data))
```

우선 식별 네트워크의 학습을 초기화하고 **진짜 공주님의 사진 데이터 data[0]을 식별 해 본 후 식별 결과를 ytrain_true라고 한다.**

식별 네트워크는 식별한 사진이 가짜일 때 결과가 0, 진짜일 때 결과가 1이 되도록 성장하면 좋겠다. 그래서 우선 **가짜 사진을 식별해 본 결과가 담겨 있는 ytrain_false가 0이 되도록** 촉진하기 위해 ytrain_false와 0과의 제곱오차를 오차 함수 loss1에 넣는다. 이것은 속지 않은 정도를 나타내고 다시 **ytrain_true가 1이 되도록** 촉진하기 위해 ytrain_true와 1과의 제곱오차를 loss2에 넣는다. 이는 진짜를 인식하지 못하는 정도를 나타낸다.

이 계산 결과를 합계한 후 loss_train_dis.backward( )로서 어디를 개선하면 식별 네트워크가 더욱 성장할지 조사하고 optdis.update( )로 갱신한다.

result[0], result[1], 그리고 result[2]에는 각각 생성 네트워크가 속지 않은 정도와 식별 네트워크가 속지 않은 정도, 진짜를 인식하지 못한 정도를 학습이 진행할 때마다 남겨둔다.

 어쩐지 까다로워 보이는 네트워크가 두 개나 있어.

 복잡해! 복잡해!

 그러게. 뭔가 복잡하지만 각각의 목적을 떠올려보자.

 음, 생성 네트워크는 속이고 싶다.

 식별 네트워크는 속지 않고 간파하고 싶다.

 간파한다! 간파한다!

 간파하기 위해선 힌트가 되는 진짜 공주님의 사진을 봐야 알 수 있겠지?

그런가? 그래서 식별 네트워크를 성장시키려면 진짜를 보여주고, 진짜를 본 결과와 가짜를 본 결과를 더하는구나!

 식별 네트워크는 가짜는 0이, 진짜는 1이 되도록 한데.

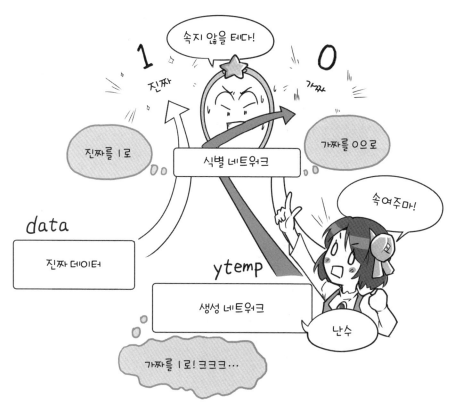

 신경망 최적화에서 하는 일은 가능한 한 차이를 없애는 거니까 가짜는 0과 의 차이를, 진짜는 1과의 차이를 가능한 한 작게 하려는 거야.

 정말이네. 이해했어!

 그렇구나! 그렇구나!

그리고 생성 네트워크 쪽은 만들어내는 사진이 모두 가짜지만, 그게 진짜라고 착각할 정도로 교묘하게 진짜와 비슷해지면 좋겠어.

 그래서 생성 네트워크를 성장시키려면 식별 네트워크와는 반대로 가짜가 1이 되도록, 가짜이지만 1과의 차이가 가능한 한 작아지도록 하는 거지.

 멋지다. 잘 되고 있구나.

 이렇게 하면 주어진 데이터 이외에도 인공적으로 만들어진 데이터에 속지 않으려고 하고, 자동으로 신경망끼리 절차탁마할 수 있을 거라고 생각해. 그러니까 이름하여 **적대적 생성 네트워크(GAN)**라고 할까?

 절차탁마! 절차탁마!

 적대라는 건 라이벌인가? 오오~ 뭔가 좋은데!

 생성 네트워크에 식별 네트워크가 라이벌로 붙어 있는 거네.

 라이벌! 라이벌!

 어? 그런데 제곱오차는 회귀에서 사용하는 거 아니야? F.mean_squared_error였나?

 목푯값과 어느 정도 차이 나는지 나타내는 게 오차 함수니까, 뭐든 괜찮을 걸. 물론 식별에 사용해 온 F.softmax_entropy를 써도 될 거야. 방법은 여러 가지라고 생각해.

 그런 경우는 어떻게 하는 거야?

생성 네트워크의 오차 함수를 다음과 같이 수정하고,

```
loss_train_gen = 0.5*F.mean((ytrain_false-1.0)**2)
```

 수정

```
loss_train_gen = 0.5*F.mean(F.softplus(-ytrain_false)))
```

식별 네트워크의 오차 함수도 다음과 같이 수정하면 OK야!!

```
loss1 = 0.5*F.mean((ytrain_false)**2)
loss2 = 0.5*F.mean((ytrain_true-1.0)**2)
```

수정

```
loss1 = 0.5*F.mean(F.softplus(ytrain_false))
loss2 = 0.5*F.mean(F.softplus(-ytrain_true))
```

 이번엔 좀 다르게 했네.

 F.mean_squared_error나 softmax_entropy로 쓰면 조금 길어져서 이 방법으로 대신 써봤어.

 파이썬을 자유자재로 쓰는구나. 공주!

 지금까지 파이썬을 모두 함께 공부해 왔잖아!

 아~ **'지성은 친구와 함께 닦아라.'**가 이런 걸 말하나?

 공부하자! 공부하자!

그리고 마법 거울을 통해 지식의 샘에서 조사하는 방법을 알게 되어 여러 가지 좋은 사용 방법을 발견했지.

 우와! 뭔가 멀리 떨어진 친구가 있는 느낌이야.

 친구! 친구!

 적대적 생성 네트워크도 적이라고 하면서도 신경망에서 서로 가르쳐 주는 모습이잖아.

 정답을 알고 있는 식별 네트워크를 이용해 생성 네트워크의 오차 함수를 계산하니까. 단련되고 있다고도 생각할 수 있어.

 저기요, 그런데 실행하지 않을 건가요?

 그랬었지! 이걸로 대결 준비는 끝났구나.

 결계를 치고 드디어 대결이군.

 대결! 대결!

 뭔가 신들의 대결 같은 긴장감이 감도네!

 도중에 상태를 알아보기 위해 편리한 마법을 찾아왔으니 대결 상황을 볼 수 있어!

실시간으로 이미지를 표시해 가짜 공주 사진이 어떤 상태인지 보면서 학습을 진행할
수 있다. 어떻게 생성 네트워크가 가짜를 만들어내고 있는지 보면 도중에 생성 네트워
크가 무척 고생하는 모습을 엿볼 수 있다.

우선 도중에 생긴 이미지를 표시하기 위한 자작 마법을 준비해 둔다.

princess.py에 추가하기

```
(마법 주문: 생성 네트워크에서 가짜 이미지 출력하기)
def temp_image(epoch, filename, xtest, ztest, gen, dis, Nfig = 3):
  print("epoch", epoch)
  with chainer.using_config("train", False),\
       chainer.using_config("enable_backprop", False):
    ytest = gen(ztest)
    score_true = dis(xtest)
    score_false = dis(ytest)
  plt.figure(figsize = (12, 12))
  for k in range(Nfig):
    plt.subplot(1,Nfig,k+1)
    plt.title("{}".format(score_true[k].data))
    plt.axis("off")
    plt.imshow(cuda.to_cpu(xtest[k, :, :, :]).transpose(1, 2, 0))
  plt.show()
  plt.figure(figsize = (12, 12))
  for k in range(Nfig):
    plt.subplot(1, Nfig, k+1)
    plt.title("{}".format(score_false[k].data))
    plt.axis("off")
    plt.imshow(cuda.to_cpu(ytest[k, :, :, :].data).transpose(1, 2, 0))
  plt.savefig(filename+"_{0:03d}.png".format(epoch))
  plt.show()
```

우선 얼마나 학습이 진행되고 있는지 보여주기 위해 print의 마법을 이용해 epoch를 출력하도록 했다. "epoch"를 입력하면 그 단어 자체가 나온다. 그리고 그 뒤에 .epoch 를 이어서 입력하면 마법 거울 안에서 현재 epoch에 들어있는 숫자가 표시된다.

큰따옴표("")로 감싸면 에워싼 문자가 그대로 나오게 된다는 것을 기억한다. 시험 삼아 이미지를 출력해 보기 위해 일단 테스트 모드로 전환하고, **ztest에는 가짜 사진을 만들기 위한 난수**를 입력한다.

몇 개의 가짜 사진을 시험 삼아 출력할지는 Nfig로 지정한다. ytest = gen(ztest)로 가짜 사진을 만들고 **score_true = dis(xtest)와 score_false = dis(ytest)로 점수를 내도록 했다.** score_true는 거의 1에 가까운 값이 되지만, score_false는 잘 속이는 가짜 사진이면 1에 가깝고, 좀 서툰 가짜 사진은 0에 가까운 값이 된다. 이것으로 학습이 원활하게 진행되고 있는지 확인할 수 있다.

pyplot 신의 마법 subplot으로 그 모습을 그렸다. **plt.subplot(세로 수, 가로 수, 몇 번째 장소에 표시하는가)처럼 사용하는데,** 세로에는 1을, 가로에는 Nfig를 넣고 k+1로 몇 번째인지 지정한다. k가 1부터가 아니라 0부터 시작된다는 파이썬의 규칙에 따라서 k+1이라고 하지 않으면 마법 거울에게 혼이 난다. 이 파이썬의 규칙을 pyplot 신이 무시하는 탓에 이쪽이 혼이 나는 건 좀 억울한 일이다.

plt.title로 점수를 표시하고, plt.axis("off")로 불필요한 축이 나오지 않게 했다.

마지막으로 완성한 사진을 plt.imshow로 출력하고 기록으로 남기려고 생각했다. plt.savefig라는 마법은 이런 생각을 실현시켜 준다. filename에 추가하는 형태로 +"_{0:03d}.png".format(epoch)이라고 되어 있는데, 이것은 끝에 세 자리 숫자로 번호를 붙여 기록을 남기기 위해서다. {0:03d}는 세 자리 숫자로 지정한 것이고 {0:04d}로 하면 네 자리 숫자로도 지정할 수 있다. 또한 .format(epoch)에 의해 각 에폭의 번호가 부여된다. 이로써 1에폭 진행할 때마다 생성 네트워크로부터 가짜 사진을 낼 수 있다.

이것을 보면서 생성 네트워크의 상태를 살펴본다. 식별 네트워크는 가짜를 판별할 수 있는지 체크하면서 생성 네트워크의 형태, 식별 네트워크의 형태, 각종 수치를 조정해 라이벌 관계를 잘 만들었다.

#display.clear_output(wait_True)에서 #을 벗겨내면 학습할 때의 모든 이력이 출력된다.

Chapter7-GAN.ipynb

```
(마법 주문: 확률적 경사법에 의한 학습)
foldername = "output_GAN"
nepoch = 1000
batch_size = 10
Nfig = 3
train_iter = siter(train, batch_size)
with tqdm(total = nepoch) as pbar:
  while train_iter.epoch < nepoch:
      pbar.update(train_iter.is_new_epoch)
      batch = train_iter.next()
      xtrain,ttrain = con.concat_examples(batch)
      ztrain = np.random.randn(len(xtrain)*zsize)\
              .reshape(len(xtrain), zsize).astype(np.float32)
      ztest = cuda.to_gpu(np.random.randn(Nfig*zsize)\
              .reshape(Nfig, zsize).astype(np.float32)
      data = cuda.to_gpu([xtrain, ztrain])
      ohm.learning_process_GAN(gen, dis, optgen, optdis, data, result,
                      T = 5)
      if train_iter.is_new_epoch == 1\
        and train_iter.epoch%100 == 0:
        #display.clear_output(wait = True)
        ohm.temp_image(train_iter.epoch,foldername+"/test",
                      data[0], ztest, gen, dis)
```

magic!

```
⇨⇨⇨  ohm.plot_result(result[0], "loss_ function of gen",
                     "step", "loss function", 0.0, 0.6)
     ohm.plot_result2(result[1], result[2],
                      "loss functions of dis", "step",
                      "loss function", 0.0, 0.6)
```

자, 학습을 실행하는 데까지 준비가 되었다. 우선 적대적 생성 네트워크로부터 얻은 사진을 저장할 폴더를 가장 먼저 지정해 둔다. 여기에서는 "output_GAN"이라고 했다. nepoch = 1000으로 해서 1000에 폭을 학습시키기로 했고 batch_size는 10으로 했다. siter씨에게 부탁해 학습 데이터를 batch_size별로 나누어서 train_iter에 차례차례 나눠주도록 한다. while문 안으로 들어가면 train_iter.next( )에서 배부된 데이터를 받아서 batch에 넣고 우선 진짜 사진을 나타내는 xtrain을 꺼낸다. 다음으로 난수로 이루어진 데이터 ztrain을 numpy 신에게 부탁해서 만들어낸다. 데이터의 수는 xtrain과 같게 하기 위해 len(xtrain)으로 하고, zsize는 미리 정해둔 난수이다. reshape로 형상을 바꾸고, chainer의 신이 받아들일 수 있도록 np.float32형으로 지정한다. 이것들을 cuda.to_gpu로 GPU에 전송한다. learning_GAN에 투입해서 결계 안에서 잠시 신경망 최적화를 진행한다. if train_iter.is_new_epoch == 1에 의해 새로운 에폭이 될 때마다 사진을 기록하고 오차 함수의 상태를 조사할 수 있게 했다. 덧붙여 **tqdm은 while문에서도 사용할 수 있다.** 이런 경우는 while문 앞에서 **with tqdm(total = nepoch) as pbar:** 라고 쓴다.

total에서 걸리는 에폭의 수 nepoch를 기준으로 어느 정도의 비율까지 진행되었는지 표시할 수 있다. **pbar.update(train_iter.is_new_epoch)** 라고 하면 다음 에폭으로 넘어갈 때마다 진행된다.

준비됐어. 시작할게! 난쟁이들, 부탁해!

 마법 거울에 가짜 공주가 비치겠지? 좋아, 그럼 해 보자!

 가짜! 가짜!

 아, 뭔가 어렴풋이 비친다!

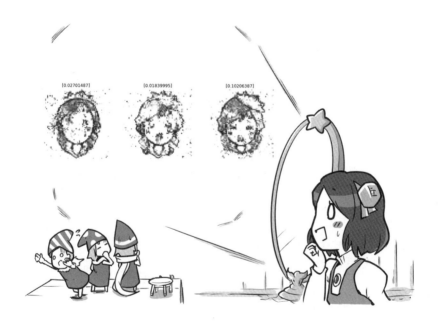

 엄마야, 이게 뭐야? 귀신 같아.

 희미하게 사람 얼굴처럼 보이기도 해.

 얼굴이다! 얼굴이다!

이게 정말 공주님 얼굴이야?

 이렇게 생각대로만 잘 되면 분명히 또렷한 공주님 얼굴을 생성하는 생성 네트워크가 만들어지고, 그 공주님을 가짜로 간파하는 식별 네트워크가 완성될 거야!

 좋아, 해 내겠어!

 힘내자! 힘내자!

 오차 함수를 보니 재미있는 움직임을 보이고 있네.

 생성 네트워크의 오차 함수가 내려가면 잘 속이고 있는 거라서 계속 내려갈 것 같았어. 그런데 내려갈 듯하면서 내려가지 않으니 식별 네트워크도 열심히 힘을 내는 모양이구나.

 식별 네트워크는 진짜, 가짜를 바르게 식별할 수 있으면 오차 함수가 내려가도록 했지.

 식별 네트워크의 오차 함수가 조금 높게 되어 있으면 진짜를 바르게 식별할 수 없을 가능성이 있구나.

 다시 시작해야 하나?

 다시 해? 다시 해?

 생성 네트워크는 확실하게 가짜 사진을 만들려고 노력하지만, 난수로 된 적당한 수치로 만드니까 처음부터 가짜를 잘 만들 수가 없지. 그러니 조금 시간은 걸릴 거야.

우웅!!! 다음 가짜 사진은 이것입니다!

 오오!!

 이, 이것은!?

 공주님이다! 공주님이다!

 지, 진짜 같은데~ 분간이 안 가. 굉장해! 적대적 생성 네트워크로 정말 난수를 이용해서 공주님과 쏙 빼닮은 가짜 사진이 만들어졌어!

그래도 가짜라고 꿰뚫어보고 있잖아! 식별 네트워크는?

 꿰뚫어보고 있어! 꿰뚫어보고 있어!

 생성 네트워크는 속이고, 식별 네트워크는 간파하고, 이게 대결의 효과구나!

 이 식별 네트워크를 탑재한 마법 거울로 거리에 나타난 공주님이 진짜인지, 가짜인지 알아보자!

모처럼 오랜 시간을 들여 만든 생성 네트워크와 식별 네트워크이다. 마을 사람들을 속이고 있는 가짜 공주님의 정체를 간파하기 위해서 신경망을 저장해 두기로 했다.

신경망 저장을 위한 마법을 만들려면 chainer의 신 중에서 serialize라는 신의 힘을 빌려야 한다.

---

princess.py에 추가하기

```
(마법 주문: 신경망을 저장하고 읽어오는 자작 마법)
import chainer.serializers as ser

def save_model(NN, filename):
  NN.to_cpu()
  ser.save_hdf5(filename, NN, compression = 4)
  NN.to_gpu()

def load_model(NN, filename):
  ser.load_hdf5(filename, NN)
  NN.to_gpu()
```

사용할 때는 ohm.save_model(gen, "test_gen.h5")와 같이 저장해 두고 싶은 신경망 이름을 쓰고, 마법 거울의 내부의 파일이라는 형태로 남겨둔다. 이 파일명도 자신이 결정할 수 있다. 저장해 둔 네트워크를 불러오고 싶을 때는 신경망의 구조부터 최적화 방법까지 저장했을 때처럼 설정한 후에 ohm.load_model(gen, "test_gen.h5")라고 한다.

7-3 백설공주와의 이별

결국 진실을 비추는 마법의 거울이라고 할까요? 고대 문명의 기술로 진짜 공주님과 가짜 공주님을 가려내는 마법 거울이 완성되었습니다.

백설공주는 이 마법 거울을 들고 나가 가짜일지도 모르는 공주님의 진상을 파헤치려고 마을로 향했습니다.

 공주님의 이름을 욕되게 하는 짓을 두고 볼 수 없지.

 호호호~ 그래! 나는 이제 왕비가 되는 거야.

 저 사람이야?

 가짜다! 가짜다!

 뭐야, 너희들은? 난 왕비가 될 몸이야. 길을 비켜라.

 내가 동경하는 공주님은 그런 사람이 아니야! 진실을 비춰라! 마법 거울이여!

 시작할게요! 내 식별 네트워크를 불러주세요!

 맡겨둬! 이날을 위해서 준비한 식별 네트워크다!

(마법 주문: 저장한 모델 불러오기)

```
ohm.load_model(dis, "test_gen.h5")
```

당신은~~~~!!!! 가짜다!!!! 진짜 공주님과 0.12 정도 달라!!

 너너너! 뭐지 그 숫자는! 무례한 놈이구나!

 늦게 포기하는구나! 진짜 공주님은 이렇게 멋진 분이라고!

 (됐다! 저 사진은 내가 제일 공주님과 닮아 보이는 표정…)
무슨 소리야! 그건 어딜 봐도 나를 찍은 사진이잖아!

 그렇다면! 마법 거울아!

(마법 주문: 저장한 모델 불러오기)

```
ohm.load_model(gen, "test_gen.h5")
```

공주님의 다양한 모습을 비춰봐!

 진짜 공주님을 무제한 재현한 건 이쪽입니다!!!

어엇, 확실히 공주님의 얼굴은 이 거울에 비친 모습이야!

 작년 축제 때 이런 공주님을 봤어요. 그 신문에 나온 사진보다 순진한 분위기였죠.

 뭐, 뭐지? 이런 표정의 공주 사진은 본 적이 없어. 이크, 들켰나? 그 이상한 주문, 설마 너는 파이썬을 쓸 수 있는 거냐!

 그냥 마법이 아니라고! 고대 문명의 확실한 기술이지! 수많은 자료에서 짜낸 머신러닝의 위력이야!

 설마 잃어버린 고대 문명을 이 정도까지 구사하는 녀석이 있으리라고는…

 어, 당신도 잃어버린 고대 문명을 알고 있어?

 뭐야, 무슨 일이야! 이 소동은?

 재미없는 상황이네. 잡히면 본전도 못 찾겠어. 후퇴다!!

 에헴! 무사히 사건이 해결됐네요!

 해냈어!

 도대체 무슨 일이 있었던 거야? 아앗, 공주님!!

 에~ 아, 저는 아무 일도 없었어요.

 뭐야, 그 말투는? (웃음)

 무슨 일인지 사정을 듣고 싶은데!

네, 우린 고대 문명을…

 어? 뭐라고? 무슨 말을 하는지 잘 모르겠구나.

 아, 나왔다. 공주는 처음 만난 사람에게 설명할 때 말주변 없는 거!

 말주변이 없어! 말주변이 없어!

 아~ 그런 말만 하지 말고 좀 도와줘!

 하지만 공주! 우리가 왕궁 도서관에 숨어들어 갔던 게 들키면 큰일이야!

 아, 그렇구나!

 아무튼 이 마법 거울이라는 게 공주님의 모습이 아름답게 보인다는 거구나. 혹시 결혼 선물로 공주님께 드릴 헌상품이니?

 어, 그게…

 하지만 이 마법 거울은 네 거라고!

 안 돼! 안 돼!

 응~ (우리 말고도 고대 문명의 존재를 아는 사람이 있어. 마법 거울을 악용하는 사람이 나올지도 몰라!) 공주님이 기뻐하신다면 꼭 드리고 싶어요!

 어~~!!!

 괜찮겠어? 백설공주!

후후훗, 공주님이라면 분명 기뻐해 주실 거야. 이 이상한 마법 거울을.

 그래도 지금까지 연구한 성과가~

 연구 성과! 연구 성과!

 걱정하지 마. 마법 거울은 분명히 이 나라의 힘이 될 거야. 미래를 예측하려면 아직 어려운 부분이 있지만, 세상을 더 많이 학습하고, 잘만 사용하면 분명히 남들을 도울 수 있을 거야. 이번처럼 말이야. 아~ 이 별 모양 장식은 추억으로 내가 보관해 둬야지.

 이런! 내가 성에 가는 건가요?!

 어? 방금 이 거울이 뭔가 말을 하지 않았어?

 말하는 거울이라니 정말 놀라워요. 잠깐이라도 좋으니 입 다물고 있어!

하아아~

 정말 괜찮을까?

 성 안이 분명 안전할 거야. 나쁜 일에 쓰이지 않기 위해서도.

 공주, 공주의 마음은 알겠어. 마법 거울로 이 나라를 구한다는 거구나! 걱정되니 우리가 마법 거울에 숨어서 일단 상황을 보고 올게.

 아, 그럼 공주님 사진도 좀 부탁해.

 몰카는 좀 부끄러운데! 정말 공주님 골수팬이구나.

 후후후~ 소중한 데이터를 위해서라고.

7-4 왕비님과의 만남

이 땅의 공주님을 왕비로서 왕실로 맞이하려는 중요한 때 갑자기 등장한 가짜 공주. 백설공주와 난쟁이 동료들은 잃어버린 고대 문명의 기술을 구사해 이 사건을 해결했습니다.

고대 문명의 유적 중 하나였던 거울은 그 사건을 해결한 '마법 거울'로서 백설공주의 곁을 떠나 진짜 공주님에게 헌상품으로 성에 오게 되었습니다.

 어머! 큰 거울이네!!

 힐끔~ 윽!!

 우와~ 이게 왕비님 방인가?

 들키면 잡혀갈 거야. 조용히 해!

 조용히! 조용히!

 이런 진귀한 장식 거울은 본 적이 없구나!

 무엇보다도 왕비님의 모습을 특히 아름답게 비춰주는 마법 거울이라고 하네요.

 마법 거울? 그런 멋진 거울을 선물해 주다니 기쁘네.

 마법 거울이라고 할 정도이니까 말을 걸면 대답할지도 모르지요.

으흑!!!!!

 진짜? 오홍! 그럼 거울이여, 거울아, 거울씨. 세상에서 가장 아름다운 건 누~구~?

 아, 이건!

```
plt.imshow("/princess_fig/kisaki01.jpg")
```

 아아아아앗!!!

 그래! 나네~! 이거 참~

 대단하네! 말을 걸었더니 정말 대답을 해 줬어.

 왕비님, 슬슬 잠자리에 드실 시간이에요.

 그렇네. 벌써 이런 시간이. 어머, 이건 뭐지?

마법 거울 기능 업데이트 시기가 왔습니다.

새로운 신이 강림할 수 있는 상태입니다.

새로운 기능이나 마법 주문이 포함되므로 다른 의식보다 기도 시간이 조금 길어질 가능성이 있습니다.

신의 의식을 행할 타이밍은 자신이 지정할 수 있습니다.

준비된 경우는 지금 바로 신의 의식을 시작해 주세요.

준비되지 않은 경우는, 적합한 시기를 지정해 주세요.

| 지금 바로 신의 의식 | 시기 선택 | 다시 알림 |

신의 의식~ 마력을 유지하는 데 꼭 필요한 거겠지요?

 흠, 그럼 지금 바로 신의 의식이네. 앗, 건드리니까 사라졌어.

 아아아아아~~~!!!

 내일 봐요, 거울씨. 내일도 기대되네. 잘 자~

 후아~ 의심받지 않았어!

 괜찮아! 괜찮아!

 다행이다! 무사히 왕비님께 도착했으니 일단 여기서 나가자.

 어어~ 잠깐! 왕비님이 뭔가 눌러서 상태가 이상해요. 어~ 아앗!

 그럼, 왕비님과 잘 지내~ 가끔 몰래 놀러올게.

 외롭겠지만, 분명 이 나라에 도움이 될 거라 믿으니까.

 또 보자! 또 보자!

백설공주가 발견한 마법 거울은 뜻밖에 일로 왕비님 곁으로 오게 되었습니다.
난쟁이들은 밤이 으슥할 때 빠져나와서 방에는 마법 거울과 왕비님뿐!
왕비님은 아직 이 마법 거울의 정체는 고사하고 거울에 숨겨진 능력을 모릅니다.
언젠가 이 마법 거울이 왕비님과 이 나라를 위해 그 능력을 발휘하는 날이 찾아왔을 때 새로운
이야기가 시작되겠지요.

이제 마법 거울은 재시동을 마치고 슬슬 잠에서 깨어나는 것 같습니다.

이런! 상태가 좀 이상하네요.

어떻게 된 일일까요? 마법의 기본 기능이 대폭 변경되는 강제 업데이트 타이밍이었나 봐요. 마법 거울의 기록은 일부 덧칠해져서 지금까지 백설공주들과 지낸 날들을 잊어버린 듯합니다.

왕비님과 마법 거울은 앞으로 어떤 이야기를 펼쳐갈까요?

네, 여러분은 이 이야기의 뒷이야기를 알고 있나요?

그건 분명 멋진 이야기겠지요?

그리고 왕비님과 마법 거울의 이야기가 시작되었다.

끝.

왕궁 도서관 추천 도서(참고 문헌)

왕비님과 마법 거울의 만남까지의 이야기는 어땠나요?

백설공주와 난쟁이들은 그후로도 고대 문명에 대해 계속 조사할 것입니다. 어쩌면 다른 마법 거울을 발견해서 여전히 머신러닝을 계속 연구하고 있을지도 모릅니다.

사실 왕궁 도서관에는 오랫동안 빌려간 채로 돌아오지 않은 책이 몇 권 있습니다. 열심히 독서하는 독자가 있는 것 같아요.

 응, 괜찮아요. 제대로 돌려주기만 하면.

 고마워요. 소중히 보고 가져올게요.

 다음부턴 아무 말없이 들고 가지 말아요.

 돌려줄게! 돌려줄게!

 지금까지 어떤 책을 읽었더라?

 그러고 보니 요즘은 왕비님도 당신들과 같은 책을 읽고 있네요.

파이썬 언어 사용하기

프로그래밍 언어로서 파이썬을 처음부터 공부하고 싶으면 다음에 소개하는 책부터 읽기 시작하면 좋습니다.

- 『Python 1학년 – 체험으로 배우고 대화 형식으로 공부하는 프로그래밍의 구조』
  모리 요시나오, 성안당(2018)
- 『술술 읽히는 Python 후리가나 프로그래밍』
  주식회사 비프라우드 리브로웍스, 임프레스(2018)

 아아~ 우리도 이 정도부터가 딱 좋았지. 한마디 한마디가 뭘 나타내는지, 뭘 하고 있는지 알 수 있고!

 왕비님도 열심히 공부해서 마법 거울을 사용해 성에서 일어나는 사건이나 나라 발전에 도움을 주고 계시네요.

어, 왕비님은 마법 거울을 잘 쓰고 계신가요?!

 그래요. 레버를 몇 번이나 밀었다가 당겼다가 하시고 우리가 돕기도 하고.

 설마 수동으로!?

 고생하시네요. 하지만 정말 이 나라를 구하고 있는 것 같아요.

머신러닝 개론

머신러닝의 개요를 설명하는 책은 매우 많습니다. 여기에 소개한 책 이외에도 자신에게 맞는 책을 읽어보면 좋겠지요. 필자가 개인적으로 좋아하는 건 다음에 소개하는 책들입니다.

- 『알기 쉬운 패턴 인식』
  이시이 켄이치로, 마에다 에이사쿠, 우에다 나오노리, 무라세 히로시, 옴사(1998)
- 『처음 배우는 패턴 인식』
  히라이 유조, 모리키타 출판(2012)

그밖에도 다양한 책을 참고하면서 수식이 없는 형태로 개요를 설명한 것이 다음에 소개하는 책입니다.

- 『백설공주 거울과 인공지능 이야기 – 볼츠만 머신러닝에서 딥러닝까지 –』
  오제키 마사유키, 제이펍(2018)

머신러닝의 기반이 되는 것은 통계학과 주변 분야로, 특히 베이즈 추정이 중요한 열쇠를 쥐고 있습니다. 다음에 소개하는 책은 입문서이지만, 꽤 깊은 내용까지 수록되어 있습니다.

- 『베이즈 추정 입문 – 모델 선택에서 베이즈 최적화까지 –』
  오제키 마사유키, 옴사(2018)

다음은 수식을 포함해 자세하게 설명하고 있는 책입니다.

- 『베이즈 추정에 의한 기계 학습 입문(기계 학습 스타트업 시리즈)』
  스야마 아츠시, 스기야마 마사시 감독, 고단샤(2017)

Chainer 사용법

머신러닝, 특히 신경망을 이용한 회귀나 식별을 다루려면 이 책에서 설명한 Chainer
가 편리합니다. 그 밖에도 다음 책들이 참고가 될 것입니다.

- 『Chainer에 의한 실천 심층 학습』
  신노 히로유키, 옴사(2016)
- 『Chainer v2에 의한 실천 심층 학습』
  신노 히로유키, 옴사(2017)
- 『Chainer로 배우는 딥러닝 입문』
  시마다 나오키, 오우라 타케시, 기술평론사(2017)

이 밖에도 TensorFlow와 PyTorch 등 다양한 라이브러리가 있는데, TensorFlow
책의 내용이 알차다고 생각합니다.

다음은 다른 라이브러리의 대략적인 내용과 심층 학습의 개요가 모두 기재되어 있
는 밸런스가 좋은 책입니다.

- 『일러스트로 배우는 딥러닝 개정2판』
  야마시타 타카요시, 고단샤(2018)

그럼 난 이만 슬슬 왕비님께 돌아가야만 해요! 또 봐요.

 정말 고마워요!

 어쩐지 마법 거울은 평범하게 성 안의 생활에 물들어 버린 것 같네.

 물들었어. 물들었어!

 괜히 걱정했잖아.

 다행이야. 그럼 공주가 걱정할 테니 우리도 돌아가자.

완전히 성의 주민이 되어 모두에게 도움을 주고 있는 마법 거울.
파이썬을 구사하고 한층 더 연구에 힘쓰는 백설공주.
나라의 행복을 기원하며 머신러닝 기술을 배우는 왕비님.
이 나라의 미래는 과연 어떤 모습일까요?
사람들이 마법의 거울을 손에 들었을 때 그 모습이 보일 것입니다.

백설공주와 왕비님의 자취를 따라서 자신의 손으로 고대 문명의 기술을, 아니 파이썬을 구사해 새로운 기술을 손에 넣는 감동을 맛보세요.
사람들이 그렇게 활기차게 새로운 것에 도전해야 진정한 미래가 열릴 거라고 생각합니다. 차근차근 서두르지 말고 왕궁 도서관의 추천 도서와 함께 머신러닝의 문을 열어보세요.

백설공주가 마지막으로 건 마법 주문

늦은 밤, 모두가 잠들었을 무렵!

백설공주와 마법 거울이 헤어지기 전날에 있었던 일입니다.

백설공주는 마법 거울 옆에서 뭔가 마법 주문을 적고 있습니다.

 지금 뭐하는 거야?

 좀 시도해 보고 싶은 게 있어.

으음, 데이터셋에 손댄 거야?

 응, 적대적 생성 네트워크에서 진짜의 이미지 데이터로서 준비하는 걸 공주님 사진으로만 했잖아. 그런데 만약 내 사진 데이터 같은 게 섞이면 어떻게 되나 해서. 그건 데이터셋 부분에서 이렇게만 하면 되니까 금방 할 수 있어!

```
all_list = []
add_labeled_data("princess_fig", 0, all_list)
add_labeled_data("white_fig", 1, all_list)
```

아, 신경망 최적화 좀 부탁해.

 맡겨! 맡겨!

 아, 네가 돕고 있었구나. 공주님의 사진으로만 이루어진 생성 네트워크에선 다양한 표정의 공주님이 나왔으니!

 그래, 이번엔 나와 공주님의 사진이 나올 거야. 이것 봐!

 정말이네! 재미있는데.

 흐흐흐, 심지어 이런 마법도 발견했어.

```
from ipywidgets import interact
import chainer
```

우선 필요한 모듈을 준비하고!

음, 무언가 새로운 모듈이구나. interact?

 적대적 생성 신경망 학습이 끝나면 다음 함수를 준비하고⋯

```python
def GANview(z1 = 0.0, z2 = 0.0):
  zset = np.array([[z1, z2]]).astype(np.float32)
  with chainer.using_config("train", False),\
      chainer.using_config("enable_backprop", False):
    temp = cuda.to_cpu(gen(cuda.to_gpu(zset)).data)
  plt.imshow(temp[0].transpose(1, 2, 0))
  plt.title("z1 = {}, z2 = {}".format(z1, z2))
  plt.axis("off")
```

 gen이 완성된 생성 신경망이구나. zset은 z1과 z2라는 두 개의 숫자를 모은 거네.

 맞아. 그래서 gen을 조작하기 위해서!

```python
interact(GANview, z1 = (-1.0, 1.0, 0.001), z2 = (-1.0, 1.0, 0.001))
```

이렇게 입력하면,

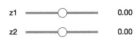

 나왔다! 나왔다!

응? 이 레버 같은 건 뭐야?

 움직여봐!

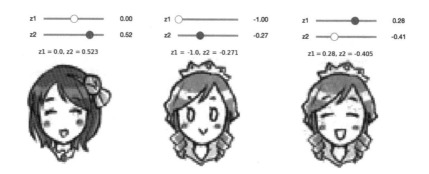

 얼굴이 변한다!!

 공주님! 공주?

 이건 시작에 불과해. 아직 시험해 보고 싶은 엄청난 실험이 있어서.

 실험! 실험!

 오, 도대체 뭔데?

 우선은 늘 하던 대로 데이터셋을 준비하고!

마법 거울에는 별 모양 장식에 뭔가 작은 네모난 것이 박혀 있었는데, 이것이 늘 마음에 걸렸다. 마법 거울에게 물어보니 이것만 있으면 언제든지 과거의 기록을 되찾을 수 있는 기록 장치라고 하였다. 이 장치에는 아쉽게도 우리들과 만나기 전의 기록은 없었지만, 장치 자체는 제대로 작동하고 있는 것 같다. 시험 삼아 나와 공주님의 사진 데이터를 기록하거나, 이제까지 학습하면서 완성한 신경망 등을 기록해 보고 확실히 보존되는 것을 확인했다.

최악의 사태를 상정하고 지금까지의 기록을 모두 저장해 두었다. 그렇게 해 놓으면 마을에 거울을 가지고 나가도 최악의 사태는 면할 수 있을 것이다.

나는 마법 거울을 이용해 한 가지 실험을 했다. 공주님의 사진 데이터를 엉터리 난수로 만들 수 있었으니, **다른 사람의 얼굴 사진 데이터로 공주님의 사진 데이터를 만들 수 있을까?**

내 얼굴 사진 데이터에서 공주님의 얼굴 사진 데이터를 생성하거나, 반대로 공주님의 얼굴 사진 데이터에서 내 얼굴 사진 데이터를 생성할 수도 있지 않을까? 그래서 다음과 같은 마법 주문을 써서 마법 거울을 이용한 실험을 실시했다.

```
(마법 주문: 필요한 모듈 불러오기)
import numpy as np
import matplotlib.pyplot as plt
import chainer.optimizers as Opt
import chainer.functions as F
import chainer.links as L
import chainer.datasets as ds
import chainer.dataset.convert as con
from chainer.iterators import SerialIterator as siter
from chainer import Variable, Chain, config, cuda

from IPython import display
from tqdm import tqdm
import princess as ohm
```

공주님과 내 사진 데이터를 각각 훈련 데이터와 시험 데이터로 나눈다.

```
(마법 주문: 훈련 데이터 준비하기)
all_list = []
ohm.add_labeled_data("princess_fig", 0, all_list)
dataset = ds.LabeledImageDataset(all_list)
dataset = ds.TransformDataset(dataset, ohm.transform_labeled64)
D = len(dataset)
trainA, testA = ds.split_dataset_random(dataset, D//2)

all_list = []
ohm.add_labeled_data("white_fig", 1, all_list)
dataset = ds.LabeledImageDataset(all_list)
dataset = ds.TransformDataset(dataset, ohm.transform_labeled64)
```

```
D = len(dataset)
trainB, testB = ds.split_dataset_random(dataset, D//2)


xtrainA, _ = con.concat_examples(trainA)
xtestA, _ = con.concat_examples(testA)
xtrainB, _ = con.concat_examples(trainB)
xtestB, _ = con.concat_examples(testB)
DtrainA, ch, Ny, Nx = xtrainA.shape
DtestA = len(xtestA)
print(DtrainA, DtestA, ch, Ny, Nx)
DtrainB, ch, Ny, Nx = xtrainB.shape
DtestB = len(xtestB)
print(DtrainB, DtestB, ch, Ny, Nx)
```

다음으로 공주님 얼굴에서 내 얼굴로 변환하는 생성 네트워크를 준비하기 위한 클래스를 설정했다. 이것을 반대로 이용하면 내 얼굴에서 공주님 얼굴로 변환할 수도 있다.

```
class Generator(Chain):
    def __init__(self, ch = ch, H1 = 64, H2 = 128, H3 = 256, H4 = 512):
        layers = {}
        layers['cnn1'] = ohm.CBR(ch, H1, "down")
        layers['cnn2'] = ohm.CBR(H1, H2, "down")
        layers['cnn3'] = ohm.CBR(H2, H3, "down")
        layers['cnn4'] = ohm.CBR(H3, H4, "down")
        layers["l1"] = L.Linear(H4*4*4, H4*4*4)
        layers["bnorm1"] = L.BatchNormalization(H4*4*4)
        layers['dcnn1'] = ohm.CBR(H4, H3, "up")
        layers['dcnn2'] = ohm.CBR(H3, H2, "up")
        layers['dcnn3'] = ohm.CBR(H2, H1, "up")
        layers['dcnn4'] = ohm.CBR(H1, ch, "up")
        super().__init__(**layers)
    def __call__(self, x):
        h = self.cnn1(x)
        h = self.cnn2(h)
        h = self.cnn3(h)
        h = self.cnn4(h)
        h = self.l1(h)
        h = self.bnorm1(h)
        h = F.relu(h)
        h = h.reshape(len(h), 512, 4, 4)
        h = self.dcnn1(h)
        h = self.dcnn2(h)
        h = self.dcnn3(h)
        h = self.dcnn4(h)
        y = F.clip(h, 0.0, 1.0)
```

magic!

```
⇨⇨  return y

class Discriminator(Chain):
  def __init__(self, C, ch = ch, H1 = 64, H2 = 128, H3 = 256, H4 = 512):
    layers = {}
    layers['cnn1'] = ohm.CBR(ch, H1, "down", bn = False,
                              act = F.leaky_relu)
    layers['cnn2'] = ohm.CBR(H1, H2, "down", bn = False,
                              act = F.leaky_relu)
    layers['cnn3'] = ohm.CBR(H2, H3, "down", bn = False,
                              act = F.leaky_relu)
    layers['cnn4'] = ohm.CBR(H3, H4, "down", bn = False,
                              act = F.leaky_relu)
    layers['l1'] = L.Linear(None, C)
    super().__init__(**layers)
  def __call__(self, x):
    h = self.cnn1(x)
    h = self.cnn2(h)
    h = self.cnn3(h)
    h = self.cnn4(h)
    h = self.l1(h)
    y = F.dropout(h)
    return y
```

이렇게 클래스로 생성 네트워크와 식별 네트워크를 준비해 두면 이제부터 만들 복수
의 신경망을 이용한 실험을 간단하게 끝마칠 수 있다. 지금부터 하는 실험은 다음과
같이 총 4개의 신경망이 필요하다.

(마법 주문: A에서 B로의 생성 네트워크, B에서 A로의 생성 네트워크 구축하기)

```
gen_AtoB = Generator()
gen_BtoA = Generator()
```

(마법 주문: A와 B 각각의 식별용 네트워크 준비하기)

```
C = 1
dis_A = Discriminator(C)
dis_B = Discriminator(C)
```

(마법 주문: 최적화 방법 설정하기)

```
optgen_AtoB = Opt.Adam(alpha = 0.0005, beta1 = 0.5)
optgen_AtoB.setup(gen_AtoB)
optgen_BtoA = Opt.Adam(alpha = 0.0005, beta1 = 0.5)
optgen_BtoA.setup(gen_BtoA)
optdis_A = Opt.Adam(alpha = 0.0001, beta1 = 0.5)
optdis_A.setup(dis_A)
optdis_B = Opt.Adam(alpha = 0.0001, beta1 = 0.5)
optdis_B.setup(dis_B)
cuda.get_device(0).use()
gen_AtoB.to_gpu()
gen_BtoA.to_gpu()
dis_A.to_gpu()
dis_B.to_gpu()
```

각각의 신경망을 GPU로 전송하여 최적화를 진행한다. 급격하게 학습이 진행되지 않도록 데이터에 따라서는 기울기 클리핑을 하면 좋은 점이 있다.

```
(마법 주문: 학습 기록을 남길 장소 준비하기)
train_gen_loss_A = []
train_dis_loss_A1 = []
train_dis_loss_A2 = []
train_gen_loss_B = []
train_dis_loss_B1 = []
train_dis_loss_B2 = []
resultA = [train_gen_loss_A, train_dis_loss_A1, train_dis_loss_A2]
resultB = [train_gen_loss_B, train_dis_loss_B1, train_dis_loss_B2]
```

두 개의 생성 네트워크와 두 개의 식별 네트워크의 상태를 남겨둘 준비를 한다.

이제부터 **두 개의 생성 네트워크를 이용해 각각 공주님을 나로, 나를 공주님으로 변환한다.** 이때 적대적 생성 네트워크와 마찬가지로 생성 네트워크와 식별 네트워크를 학습시키는 것뿐만 아니라 약간의 아이디어를 추가한다. **공주님을 나로 변환하고, 다시 나를 공주님으로 변환했을 때 원래대로 잘 되돌릴 수 있게 하는 것이다.** 잘 복원되지 않으면 개선되도록 생성 네트워크의 학습을 진행한다. 또한 **공주님을 나로 변환하는 생성 네트워크에 공주님이 아니라 내 사진을 넣은 경우는 그대로 있도록 생성 네트워크의 학습을 진행한다.** 그래서 학습 프로세스에는 적대적 생성 네트워크에서 두 개 더 추가되었다.

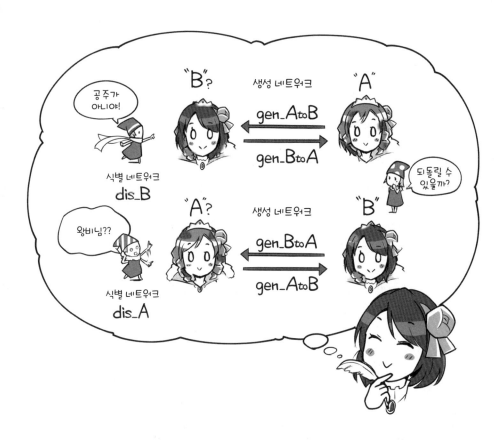

(마법 주문: 2단계 변환으로 돌아올 수 있도록 하기 위한 학습)

```
def learning_consist(gen_BtoA, gen_AtoB,
                     optgen_BtoA, optgen_AtoB, data, T = 5):
    a = 10
    for time in range(T):
        optgen_BtoA.target.cleargrads()
        optgen_AtoB.target.cleargrads()
        ytemp1 = gen_BtoA(data[1])
        ytemp2 = gen_AtoB(data[0])
        loss_train = 0.5*a*F.mean_absolute_error(ytemp1, data[1])\
                     + 0.5*a*F.mean_absolute_error(ytemp2, data[0])
```

```
loss_train.backward()
result = loss_train.data
optgen_BtoA.update()
optgen_AtoB.update()
```

gen_BtoA, gen_AtoB를 통과한 것은 'ytrain1', gen_AtoB, gen_BtoA를 통과한 것
은 'ytrain2'라고 한다. 이들이 각각 원래대로 돌아갔는지를 F.mean_absolute_
error(ytrain1, data[0]), F.mean_absolute_error(ytrain2, data[1])로 확인한다.
F.mean_absolute_error라는 절댓값 함수에 의한 차이를 취하는 부분이 지금까지와
는 조금 다르다. 고문서에 따르면 mean_squared_error보다 결과가 뚜렷하다고 한다.

(마법 주문: 원래 이미지를 넣으면 그대로가 되도록 학습하기)
```
def learning_L1(gen_BtoA, gen_AtoB,
                optgen_BtoA, optgen_AtoB, data, T = 5):
  a = 10
  for time in range(T):
    optgen_BtoA.target.cleargrads()
    optgen_AtoB.target.cleargrads()
    ytemp1 = gen_BtoA(data[0])
    ytrain1 = gen_AtoB(ytemp1)
    ytemp2 = gen_AtoB(data[1])
    ytrain2 = gen_BtoA(ytemp2)
    loss_train = 0.5*a*F.mean_absolute_error(ytrain1, data[0])\
                + 0.5*a*F.mean_absolute_error(ytrain2, data[1])
    loss_train.backward()
    result = loss_train.data
    optgen_BtoA.update()
    optgen_AtoB.update()
```

공주님을 나로 변환하는 gen_AtoB에 공주님 사진(data[0])을 넣으면 공주님이 그대로 되게 학습시킨다. 반대로 나를 공주님으로 변환하는 gen_BtoA에 내 사진(data[1])을 넣으면 내가 그대로 되게 학습시킨다. 여기서 마찬가지로 절댓값 함수를 이용하고 있다. 이러한 학습을 진행하기 전에 결과를 표시하기 위해 새로운 마법을 추가한다.

princess.py에 추가하기

(마법 주문: 두 종류의 이미지 가출력하기)

```
def temp_image2(epoch, filename, dataA, dataB, gen_AtoB,
                gen_BtoA, dis_A, dis_B):
  print("epoch", epoch)
  with chainer.using_config("train", False),\
       chainer.using_config("enable_backprop", False):
    xtestAB = gen_AtoB(cuda.to_gpu(dataA))
    scoreAB = dis_B(xtestAB)
    xtestABA = gen_BtoA(xtestAB)
    xtestBA = gen_BtoA(cuda.to_gpu(dataB))
    scoreBA = dis_A(xtestBA)
    xtestBAB = gen_AtoB(xtestBA)
  kA = np.random.randint(len(dataA))
  kB = np.random.randint(len(dataB))
  plt.figure(figsize = (12, 9))
  plt.subplot(3, 2, 1)
  plt.axis("off")
  plt.title("image A")
  plt.imshow(dataA[kA, :, :, :].transpose(1, 2, 0))
  plt.subplot(3, 2, 2)
  plt.axis("off")
```

```
plt.imshow(dataB[kB, :, :, :].transpose(1, 2, 0))
plt.axis("off")
plt.title("image B")
plt.subplot(3, 2, 3)
plt.axis("off")
plt.title("{}".format(cuda.to_cpu(scoreAB[kA].data)))
plt.imshow(cuda.to_cpu(xtestAB[kA, :, :, :].data)\
.transpose(1, 2, 0))
plt.subplot(3, 2, 4)
plt.axis("off")
plt.title("{}".format(cuda.to_cpu(scoreBA[kB].data)))
plt.imshow(cuda.to_cpu(xtestBA[kB, :, :, :].data)\
.transpose(1, 2, 0))
plt.subplot(3, 2, 5)
plt.axis("off")
plt.title("A to B to A")
plt.imshow(cuda.to_cpu(xtestABA[kA, :, :, :].data)\
.transpose(1, 2, 0))
plt.subplot(3, 2, 6)
plt.axis("off")
plt.title("B to A to A")
plt.imshow(cuda.to_cpu(xtestBAB[kB, :, :, :].data)\
.transpose(1, 2, 0))
plt.savefig(filename+"_{0:03d}.png".format(epoch))
plt.show()
```

이 마법은 중간 결과를 볼 수 있게 한 것이다. filename으로 지정한 곳에 연속 번호로 중간 결과가 기록되도록 plt.savefig의 마법을 이용하고 있다.

준비를 마쳤으면 나머지는 결계를 펼치기만 하면 된다.

```
(마법 주문: 결계를 펼쳐 복수의 네트워크 학습하기)
output_folder = "output_princess"
nepoch = 3000
batch_size = 10
train_iter_A = siter(trainA, batch_size)
train_iter_B = siter(trainB, batch_size)
with tqdm(total = nepoch) as pbar:
  while train_iter_A.epoch < nepoch:
    pbar.update(train_iter_A.is_new_epoch)
    batchA = train_iter_A.next()
    batchB = train_iter_B.next()
    xtrainA, _ = con.concat_examples(batchA)
    xtrainB, _ = con.concat_examples(batchB)
    dataBA = cuda.to_gpu([xtrainB, xtrainA])
    ohm.learning_L1(gen_BtoA, gen_AtoB,
                    optgen_BtoA, optgen_AtoB, dataBA)
    ohm.learning_consist(gen_BtoA, gen_AtoB,
                         optgen_BtoA, optgen_AtoB, dataBA)
    ohm.learning_GAN(gen_AtoB, dis_B, optgen_AtoB,
                    optdis_B, dataBA, resultB, T = 5)
    dataAB = cuda.to_gpu([xtrainA, xtrainB])
    ohm.learning_GAN(gen_BtoA, dis_A, optgen_BtoA,
                    optdis_A, dataAB, resultA, T = 5)
```

magic!

```
if train_iter_A.epoch%100 == 0:
    ohm.temp_image2(train_iter_A.epoch,
                    output_folder+"/test",
                    xtestA, xtestB, gen_AtoB,
                    gen_BtoA, dis_A, dis_B)
    ohm.plot_result(result A[0],
                    "loss_function A to B of gen in training",
                    "step", "loss function", 0.0, 0.6)
    ohm.plot_result2(resultA[1], resultA[2],
                     "loss_function A to B of dis in training",
                     "step", "loss function", 0.0, 0.6)
    ohm.plot_result(resultB[0],
                    "loss_function B to A of gen in training",
                    "step", "loss function", 0.0, 0.6)
    ohm.plot_result2(resultB[1], resultB[2],
                     "loss_function B to A of dis in training",
                     "step", "loss function", 0.0, 0.6)
```

이야!?

A : 왕비님

B : 백설공주

입력된 사진

gen_AtoB

gen_BtoA

변환된 사진

gen_BtoA

gen_AtoB

원래로
되돌린 것

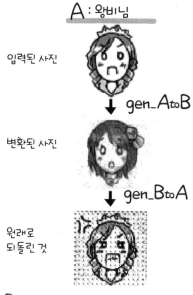

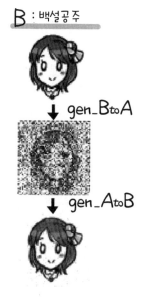

뭐야!? 뭐지!?

A : 왕비님

B : 백설공주

입력된 사진

gen_AtoB

gen_BtoA

변환된 사진

gen_BtoA

gen_AtoB

원래로
되돌린 것

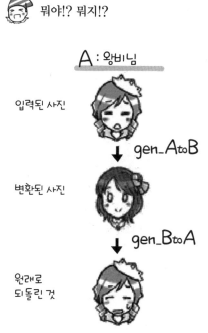

으악!!! 공주님으로 변신했어!!!

 이런 것도 할 수 있구나. 재밌다, 재밌어!

 입력된 사진이 맨 위지?

 한가운데가 거기서 변환한 거야. 그 아래는 원래대로 되돌린 것!

 굉장해! 굉장해!

 어디 보자, 잠깐 기다려봐. 원래대로 돌아간 거야? 확실히 공주님은 공주님 인데!

 하지만 표정이 완전히 똑같지 않지? 식별 네트워크는 어디까지나 공주님 이나 나나 그럴듯하지만 보기 때문에 표정이 다른 거라도 바르다고 하는 거야.

 거기다 얼굴의 계통을 바꿀 수 있다니!

 생성 네트워크는 공주님을 나로 바꾸는 것과 나를 공주님으로 바꾸는 것을 준비해서 빙글빙글 돌도록 조립해 본 거야.

 마법사다! 마법사!

 대단해!

 악용하면 안 돼! 중요한 데이터는 확실하게 저장해 둬야지.

 전부터 궁금했는데, 그 별 모양 장식은 뭐지?

아아, 아무래도 고대 문명의 기록 장치 같아. 이것만 있으면 만일의 경우라도~

 꼼꼼하네! 꼼꼼해!

 그런데 이거 알고 있었어? 파이썬은 뱀의 종류를 나타내는 말이래!

완전히 파이썬을 사용할 수 있게 된 백설공주는 '뱀 조련사'로 불러야 할까요? 이 고대 문명의 기술을 살려 다음은 어떤 이야기를 펼쳐나갈까요?
다시 만날 수 있는 날까지!

아, 백설공주가 마법 거울을 계속 연구한 노트가
https://mohzeki222.github.io/ohm_princess/
에 있다고 하네요. 나는 무슨 말인지 잘 모르겠지만.

파이썬의 마법은 계속된다!

집필 후기

여러분, 어떠셨나요?

이 책에서는 전반부에 강의나 강연에서 이용해 왔던 프로그램을 다루었습니다. 물론 최선의 코드를 사용하진 않았습니다. Chainer로 예를 들면, trainer라는 기능을 이용하지 않는 것을 매우 이상하게 생각하는 사람도 있을 겁니다. 이 책이 어떤 역할을 해야 할지는 최종적으로 알 수 없지만, 저자로서는 단 한 가지! 스스로 해보고 성취감을 느낄 수 있도록 이전에 나온 것을 답습해 가면서 예전의 자신과는 다른 수준으로 끌어올리는 것을 목표로 삼았습니다.

처음에는 numpy를 이용해 난수를 생성해 보고 matplotlib.pyplot으로 결과를 표시하는 것부터 시작했습니다. 어떤가요? 여기까지 읽었다면 독자분은 이제 numpy나 matplotlib.pyplot이라는 글자를 보아도 그렇게 거부감이 없을 것입니다. 처음엔 어떤 철자인지도 모르고 좀처럼 외워지지도 않던 프로그램이었어도 이 정도로 끈질기게 쓰다 보면 손에 익숙해졌을 겁니다. 마치 필사와 같습니다. 아마 이 책의 세계에 색채를 부여해서 책을 만들고 있는 오피스 sawa의 사와다 씨도 파이썬을 이해하게 되어버렸겠지요.

이 책을 집필하면서 많은 책에 있는 프로그램의 예를 참고했습니다. 각각 단편적으로는 사용할 수 있지만, 결국 전체는 어떻게 되어 있을까요? 전부 쓰여 있지만, 각각은 어떤 의미일까요? 이처럼 양극단이 되기에 쉽고, 페이지 사정으로 여러 번 같은 코드를 쓰는 것은 비효율적이면서 어려웠을 거라고 작가로서 추측합니다. 하지만 이 책의 대상은 진짜 초보자이고, 머신러닝에 흥미를 느낀 독자입니다. '좀 흥미를 느껴보고 싶은걸!'이라고 말하는 의욕이 넘치는 사람들입니다. 그 점을 의식하자, 기계 학습이 아니라 '독자 학습'이 잘 진행되도록 몇 번이고 for문의 결계 안에서 신경망을 개선하면서 끈질기게 같은 내용을 사족일지라도 반복해서 기술하기로 했습니다. 집필하는 본인도 너무 장황하다는 생각이 들어 건너뛰고 싶은 장면도 있었습니다. 그렇지만 결국 저도 다 써낼 수 있었던 것처럼 여러분의 학습은 백설공주와 난쟁이들이 도와줄 것입니다.

이번에도 왕비님이 뒤에서 파이썬을 배우면서 실제로 프로그래밍하고 동작을 확인해서 일기에 적는 내용에 모순이 있는지 꼼꼼하게 체크했습니다. 그래도 잘 못 쓴 부분이 아직 있을 수도 있지만, 분명히 좋은 형태로 독자 여러분께 도달했다고 믿습니다.

CBR층에 대해서는 마티야 씨(https://github.com/mattya)를, Pixel Shuffler에 대해서는 무지요쿠 씨(https://github.com/musyoku)를 참고했습니다. 그 밖에도 다양한 문헌과 웹에서 제공하는 코드를 참고해서 서서히 학습이 진행되도록 재구성했습니다. 정말 감사드립니다.

마지막 완성 직전의 원고에 대해 예리하게 지적해 주신 도호쿠대학교 대학원 정보학과 연구실의 마루야마 나오키 씨, 고시카와 아미 씨, 시노지마 타쿠미 씨에게도 깊이 감사드립니다.

또 다른 형태로 이 세계에 사는 이웃들과 만날 수 있으면 좋겠습니다. 정말 감사드립니다.

오제키 마사유키(大関 真之)

찾아보기

주요 파이썬 목록

주요 파이썬 목록을 정리해 봤어.
여러 가지 마법 주문이 있네.

파이썬으로 배우는
머신러닝 입문

2021. 4. 26. 초 판 1쇄 인쇄
2021. 4. 30. 초 판 1쇄 발행

지은이 | 오제키 마사유키
옮긴이 | 김성훈
펴낸이 | 이종춘
펴낸곳 | **BM** ㈜도서출판 **성안당**

주소 | 04032 서울시 마포구 양화로 127 첨단빌딩 3층(출판기획 R&D 센터)
| 10881 경기도 파주시 문발로 112 파주 출판 문화도시(제작 및 물류)

전화 | 02) 3142-0036
| 031) 950-6300

팩스 | 031) 955-0510
등록 | 1973. 2. 1. 제406-2005-000046호
출판사 홈페이지 | **www.cyber.co.kr**
ISBN | 978-89-315-8941-2 (93000)
정가 | **19,800원**

이 책을 만든 사람들
책임 | 최옥현
진행 | 최동진
교정·교열 | 안혜희북스
본문·표지 디자인 | 최우정
홍보 | 김계향, 유미나, 서세원
국제부 | 이선민, 조혜란, 김혜숙
마케팅 | 구본철, 차정욱, 나진호, 이동후, 강호묵
마케팅 지원 | 장상범, 박지연
제작 | 김유석

■ **도서 A/S 안내**

성안당에서 발행하는 모든 도서는 저자와 출판사, 그리고 독자가 함께 만들어 나갑니다.
좋은 책을 펴내기 위해 많은 노력을 기울이고 있습니다. 혹시라도 내용상의 오류나 오탈자 등이 발견되면 **"좋은 책은 나라의 보배"**로서 우리 모두가 함께 만들어 간다는 마음으로 연락주시기 바랍니다. 수정 보완하여 더 나은 책이 되도록 최선을 다하겠습니다.
성안당은 늘 독자 여러분들의 소중한 의견을 기다리고 있습니다. 좋은 의견을 보내주시는 분께는 성안당 쇼핑몰의 포인트(3,000포인트)를 적립해 드립니다.
잘못 만들어진 책이나 부록 등이 파손된 경우에는 교환해 드립니다.